OEUVRES
COMPLÈTES
DE FLORIAN.
Nouvelle Édition,

ORNÉE DE DEUX PORTRAITS

ET DE QUATRE-VINGTS GRAVURES D'APRÈS DESSENNE.

MÉLANGES.

PARIS,

LADRANGE, LIBRAIRE,

QUAI DES AUGUSTINS N° 19;

FURNE, MÊME QUAI, N° 37.

M DCCC XXIX.

OEUVRES
COMPLÈTES
DE FLORIAN.

TOME X.

IMPRIMERIE DE H. FOURNIER, RUE DE SEINE, N° 14.

FLORIAN.

DISCOURS

PRONONCÉ

PAR J. P. FLORIAN,

À SA RÉCEPTION À L'ACADÉMIE FRANÇAISE, LE 14 MAI 1788.

Si l'honneur d'être admis parmi vous pénètre de reconnaissance l'écrivain qui peut vous offrir les plus beaux titres de gloire, quels sentimens ne doit pas éprouver celui qui, jeune encore, se trouve assis au milieu de ses maîtres ! Les illusions de l'amour-propre seraient peut-être pardonnables dans ce jour ; mais elles ne m'éblouissent point, ma sensibilité m'en garantit. Je perdrais trop de mon bonheur en imaginant le devoir à moi-même, et mon cœur jouit mieux d'un bienfait que ma vanité ne pourrait jouir d'un triomphe.

Non, messieurs, mes faibles essais n'auraient pas suffi pour me concilier vos suffrages ; mais ils étaient soutenus par l'intérêt dont m'honore le prince (1)

(1) S. A. S. monseigneur le duc de Penthièvre, présent à cette séance.

que vous révérez tous ; celui que soixante ans d'une vie pure et sans tache ont rendu l'objet de la vénération publique ; dont le nom, tant de fois béni par le pauvre, n'a jamais été prononcé que pour rappeler une bonne action ; qui, né dans le sein des grandeurs, comblé de tous les dons de la fortune, ignore s'il est d'autres jouissances que celle d'être bienfaisant ; celui dont l'aimable modestie souffre dans ce moment de m'entendre révéler ses secrets, et qui aura peine à me pardonner la douce émotion que je vous cause. Il a daigné solliciter pour moi : son rang n'aurait pas captivé vos ames fières et libres ; mais ses vertus avaient tout pouvoir sur vos cœurs vertueux et sensibles.

Au désir de lui complaire, en m'adoptant, s'est joint sans doute le motif de donner aux jeunes littérateurs plus d'émulation et de courage. Vous avez voulu que je pusse leur dire : Travaillez, le prix vous attend ; consacrez à l'étude ce temps précieux de la jeunesse, perdu trop souvent dans de vaines erreurs. Vous y trouverez des jouissances pures, vous éviterez des repentirs amers en méditant sur la vertu, en cherchant toujours à la peindre. Votre cœur, épris pour elle, s'enflammera du désir de pratiquer vos propres leçons. Votre talent prendra bientôt une nouvelle énergie (car le talent s'élève avec l'ame) ; vous deviendrez à la fois meilleurs, plus instruits, plus heureux ; l'estime publique récompensera vos mœurs ; et vos juges, qui compteront vos efforts, et non vos années, s'empresseront de récompenser vos plaisirs.

En effet, si l'amour du travail rend heureux dans tous les âges, il est surtout utile dans la jeunesse. C'est lorsque les passions fougueuses luttent sans cesse contre une raison faible, lorsque le cœur sans défense, et ouvert pour ainsi dire de toutes parts, s'offre de lui-même à toutes les séductions, que l'ame, avide d'émotions nouvelles, vole au-devant de tout ce qui peut l'affecter ; c'est alors qu'il est nécessaire de donner de l'aliment à cette activité inquiète, de diriger vers un but utile cette ardeur dont on doit profiter, et d'arracher sa vie à l'ennui, après lequel marchent souvent les vices.

Vainement, dans le monde, s'occupe-t-on sans cesse d'échapper à cet ennui : la peur qu'il y inspire prouve sa présence dans ces assemblées tumultueuses, où l'on s'est cherché sans désir, où l'on se quitte sans regret. L'homme capable de penser sent bientôt le vide qui l'environne ; il se trouve seul, sans être avec lui-même. Celui surtout que sa jeunesse soumet plus qu'un autre à ces vains dehors, à ces frivoles devoirs, la seule règle à laquelle on le juge, ne peut, sans un danger extrême, déployer un moment son caractère : s'il ose désapprouver ce qu'il blâme, sa franchise paraît de l'orgueil; s'il attend d'être convaincu pour se rendre, son courage est opiniâtreté; s'il garde le silence, on le dédaigne; et s'il parle, on l'humilie. Ah! qu'il rentre dans l'asile où il a le droit de penser! L'étude, en le préservant du tourment de dissimuler, ou du malheur de déplaire, lui donnera cette paix du cœur, premier et seul bien de la vie; abrègera les longues heures, charmera le moment présent par les plaisirs qu'elle procure, embellira d'avance les jours futurs par les succès qu'elle promet, et fera revivre pour lui le passé par les fruits qu'il en recueille sans cesse.

Instruit de ces vérités dès mon enfance, l'espérance que j'en ai conçue m'a valu plus de bonheur que la fortune n'en peut donner. Qu'il me soit permis de le dire, que le sévère censeur, prêt à me blâmer de ce que j'ose vous entretenir de moi, daigne réfléchir qu'à mon âge on n'a pu étudier l'homme que dans soi-même. Et qui oserait prétendre ici à ne dire que des choses nouvelles? Vous avez tout pensé, vous avez tout écrit; les expressions répétées de mon inutile reconnaissance ne satisferaient que mon cœur. Plutôt que de vous fatiguer de ce que je vous dois aujourd'hui, souffrez, messieurs, que je vous rende compte de ce que je vous ai dit dans tous les temps.

Ce goût du travail, cet amour de la gloire, me furent inspirés par vos écrits; dès mon enfance ils étaient dans mes mains. Que de charmes cette douce occupation a répandus sur mes jours! Élevé chez le digne prince dont les bontés faisaient tout mon héritage, je contemplais de près la vertu; elle s'offrait à moi dans tous ses charmes. Vos ouvrages, en m'éclairant, m'apprenaient à la mieux sentir, à la respecter davantage : je lisais chez vous le précepte; le même jour je voyais l'exemple.

Forcé bientôt par mon état d'aller passer mes jeunes années dans ces villes guerrières où l'homme sensible est si souvent seul, où les amis sont d'autant plus rares, que les compagnons sont plus nombreux, où le temps se partage sans cesse entre la fatigue et l'oisiveté, combien de fois j'ai trouvé dans vos écrits le délassement et la paix dont mon esprit avait besoin! combien de plaisirs vous m'avez valu! Qu'il était doux pour moi, au sortir d'un exercice, d'aller relire sous un arbre les *Géorgiques* ou *les Saisons;* ou bien, me transportant en idée à ce théâtre dont j'étais si loin, de verser des pleurs délicieux pour l'épouse de Lyncée! Plus souvent méditant les devoirs de l'homme, et cherchant à devenir meilleur, j'écoutais le vieillard Bélisaire, et je sentais mon âme s'élever en même temps que mon esprit s'éclairait. Je relisais ces contes charmans, où la brillante imagination embellit les préceptes de la morale, les fait pénétrer dans le cœur en flattant sans cesse le goût, et jette sur la vérité un voile riche et transparent qui augmente ses charmes. Ainsi je vivais avec vous, messieurs, et je ne vous connaissais point encore ! vous étiez les bienfaiteurs de ma raison, et j'étais ignoré de vous.

Nourri de ces utiles lectures, je sentais déjà le besoin d'imiter ce que j'aimais, lorsque, appelé par ma famille auprès de ce grand homme que les siècles auront tant de peine à reproduire, je connus Voltaire; je vis ce vieillard courbé sous les lauriers et sous les années, rassasié de triomphes, et toujours prêt à rentrer dans la lice au seul cri de l'humanité; attirant dans sa retraite, des extrémités du monde, les princes, les voyageurs, et se plaisant davantage à donner un asile aux infortunés; honoré de l'amitié, des bienfaits de plusieurs souverains, et partageant avec l'indigence les biens que la fortune étonnée avait laissé conquérir au génie.

Ce beau spectacle m'enflamma; je me livrai sans résistance au charme qui m'entraînait, sans examiner si j'avais reçu de la nature une étincelle de ce feu sacré dont vous seuls, messieurs, conservez le dépôt. Je pris mon ardeur pour de la force, et mon attrait pour du talent; j'écrivis. Dès ce moment, toutes mes jouissances furent doublées; toutes les facultés de mon ame s'augmentèrent, toutes mes sensations devinrent plus vives; rien ne fut plus indifférent à mes yeux. L'aspect d'une campagne riante me transporta; le chant des oiseaux, le murmure de l'onde, le tranquille silence des bois, tout me parla, tout me fit éprouver des émotions qui m'étaient inconnues. L'arbre que je n'avais pas daigné regarder m'arrêta sous son ombrage, me fit rêver délicieusement. La solitaire fontaine, que je n'avais cherchée autrefois que pour m'y désaltérer, je la cherchai pour m'y plaire, pour écouter le bruit de ses eaux. Les déserts mêmes, les monts escarpés, les lieux incultes et sauvages, eurent des charmes pour moi; tout s'embellit à mes regards. Chaque objet, devenu modèle, me fit méditer un nouveau tableau; je sentis enfin la nature, premier bienfait de l'amour des arts.

Animé par les encouragemens que l'indulgence accorde toujours aux premiers efforts, j'osai me présenter dans la lice où vous seuls, messieurs, donnez la couronne. Vous me sûtes gré de mon émulation, vous sourîtes à mon ardeur, et votre bonté la récompensa bientôt. Plusieurs d'entre vous, amis, élèves, compagnons de gloire de Voltaire, voulurent s'acquitter envers moi de ce qu'ils pensaient lui devoir. Celui surtout que vous pleurez encore, quoique si dignement remplacé; celui qui fit tant d'honneur aux sciences, aux lettres, à l'humanité; dont le nom, respecté de tous les savans de l'Europe, était encore chéri de l'indigent; d'Alembert m'honora de son amitié. Celui que l'élite de la capitale court applaudir avec transport, lorsqu'il révèle dans le lycée les secrets de cet art sublime qui lui inspira *Warwick*, *Philoctète* et *Mélanie*; l'infaillible interprète du goût daigna me donner des leçons. Le chantre heureux des plaisirs champêtres, l'harmonieux traducteur de Théocrite et de Pindare, le sage historien du roi père des lettres, et le noble guerrier qui, couronné de la main des Muses, comblé des honneurs militaires, quitte envers sa patrie et son nom, libre de jouir désormais d'un repos et d'une gloire achetés par des succès, abandonna ce repos, son pays, ses amis, ses goûts, pour aller s'associer aux dangers des Washington et des La Fayette; tous ceux pour qui Voltaire vivait encore me tendirent la main, soutinrent mes pas chancelans, et, m'entraînant malgré ma faiblesse, ils m'ont conduit à leur suite jusque dans ce sanctuaire. Ainsi quelquefois de vaillans capitaines élèvent aux honneurs un jeune soldat, parce qu'ils l'ont vu servir enfant sous les tentes de leur général.

Quels devoirs vous m'avez imposés, messieurs! quelles obligations je contracte! Ce n'est point ma vaine reconnaissance qui peut justifier votre adoption ; ce n'est point cet amour du beau que j'ai puisé dans vos ouvrages, ni ce stérile désir d'approcher de ce que j'admire. Il faut d'autres titres sans doute pour oser s'asseoir sans effroi à cette place que tant de grands hommes ont occupée; pour oser porter mes regards sur ces murs sacrés où les ombres illustres de l'immortel Richelieu, du vertueux Séguier, du plus magnanime de nos rois, toujours attentives, jugèrent sévèrement chacun de vos choix. Que dis-je ? ai-je besoin de porter si loin ma vue? Cette place vide, ce triste deuil qui doit si longtemps obscurcir vos fêtes, votre douleur muette et profonde, tout me dit assez que vos pertes sont irréparables. Il vient de vous être ravi ce génie vaste et profond qui, embrassant l'immensité de la nature, trouva dans son imagination autant de trésors que dans son modèle ; se lança, d'un vol rapide, par-delà les bornes de notre univers ; et, non content d'avoir pénétré tous les secrets du présent, voulut encore arracher le voile qui couvre l'avenir et le passé; à qui toutes les nations éclairées venaient soumettre leurs doutes, et apporter en tribut leurs découvertes nouvelles, comme au seul homme qui pût interpréter l'immortel écrivain dont la vie peut être comptée au nombre des époques de la nature.

Votre présence, messieurs, peut seule adoucir

nos regrets. Redoutable pour moi seul, elle est rassurante pour la nation. Comme Français, je m'enorgueillis en regardant ceux qui nous restent; comme votre confrère, je tremble en contemplant ceux qui m'adoptent. Là, c'est le rival de Shakspeare; ici, l'émule de Tacite; ici, l'éloquent défenseur de l'humanité souffrante, à qui les sciences doivent des lumières, à qui le pauvre devra des asiles; là, ce confident de la nature, qui sut nous tracer de la même main les amours naïfs de la jeune Rose, et l'adorable caractère du Philosophe sans le savoir; à qui son ame seule apprit l'art d'émouvoir les cœurs, et qui possède ce talent si sûr, comme son Philosophe possède ses vertus, sans effort et sans vanité. Partout je vois des titres de gloire, et chacun de vous me fait mesurer avec effroi l'intervalle qui me sépare de lui.

Mais c'est au milieu de ces frayeurs mêmes que j'éprouve de nouveaux bienfaits de mon amour pour le travail. Oui, je redoublerai d'efforts : oui, je prends ici l'engagement de consacrer ma vie entière à mériter ce beau jour, de tout employer, de tout tenter pour me rendre digne du titre dont vous m'avez honoré. En sortant de ce triomphe, je rentre dans la carrière; et, la couronne sur le front, je vais combattre avec plus d'ardeur que s'il fallait encore l'obtenir.

Guidé par vous, messieurs, je le trouverai peut-être ce naturel aimable, cette simplicité touchante, cette délicatesse de sentimens que j'ai toujours non pas cherchée, mais désiré de rencontrer. Vous remplacez le maître qui devait m'apprendre ces heureux secrets, celui qui daigna sourire aux faibles sons de ma flûte pastorale, et diriger mes premiers pas dans la carrière qu'il avait parcourue avec tant de gloire. Par quelle fatalité m'a-t-il fallu déplorer sa perte, au moment même où votre bienfait répandait la joie dans mon ame? Le bonheur n'est jamais sans mélange : j'ai perdu Gessner quand vous m'adoptiez. Les félicitations de mes amis ont été troublées par les plaintes dont retentissent les monts helvétiques, par les regrets de tous les cœurs sensibles, qui redemandent Gessner à ces plaines, à ces vallons qu'il a dépeints tant de fois ; à ce printemps qui renait sans lui, et qu'il ne chantera plus. Ah! quoiqu'il ne fût pas Français, quoiqu'il ne tînt à cette académie que par ses talens et ses vertus, qu'il me soit permis, au milieu de vous, de lui offrir mon tribut de respect, d'admiration. Que mes nouveaux bienfaiteurs me pardonnent la reconnaissance, et me laissent jeter de loin quelques fleurs sur le tombeau de mon ami, sur ce tombeau où la piété filiale, la tendresse paternelle, la discrète amitié, l'amour pur et timide, pleurent ensemble leur poète, le chantre d'Abel, de Daphnis, le peintre aimable des mœurs antiques. Celui dont les idylles touchantes laissent toujours au fond de l'ame ou une tendre mélancolie, ou le désir de faire une bonne action, ne peut être étranger pour vous : en quelque lieu que le hasard les ait placés, tous les grands talens, tous les cœurs vertueux sont frères ; ils ressemblent à ces fleurs brillantes qui, dispersées dans tout l'univers, ne forment pourtant qu'une seule famille.

ÉLOGE
DE LOUIS DOUZE,

ROI DE FRANCE,

SURNOMMÉ PÈRE DU PEUPLE.

> Nec magis sine illo nos esse felices quàm
> ille sine nobis potuit.
>
> PLINE, *Panég. de Trajan.*

AVANT-PROPOS.

CET ouvrage fut envoyé au concours de l'académie française en 1785. Le prix ne fut point donné. L'académie, en m'honorant d'une mention, blâma la forme que j'avais adoptée. Je respectai d'autant plus cet arrêt, que mes juges avaient daigné quelquefois être plus indulgens pour moi. Cette indulgence m'avait encouragé, leur sévérité m'éclairait; toutes deux étaient des bienfaits.

Ce qu'il y avait de plus malheureux pour moi, c'est que ce n'était pas faute de réflexions que j'avais choisi cette forme que l'on me reprochait. J'avais lu bien attentivement toutes les histoires de Louis XII ; et je m'étais dit après les avoir lues : « Quatre
« choses doivent faire le fonds de l'éloge de Louis XII :
« sa clémence envers ceux qui avaient été ses enne-
« mis ; sa législation, qui rendit la France heureuse
« malgré les revers qu'il éprouva ; sa bravoure et ses
« talens guerriers, qui étaient le premier mérite de
« son siècle ; et l'amour extrême qu'il sut inspirer à
« son peuple. Mais, en admirant, en adorant ses
« qualités, je ne dois point passer sous silence ses
« fautes en politique, comme le traité de Blois, la
« ligue de Cambrai, etc., qui firent de son règne une
« longue chaîne d'infortunes ; ni les erreurs de sa
« jeunesse, comme sa révolte contre Charles VIII,
« et son divorce avec sa première épouse, qui ta-
« chèrent presque toute sa vie. Il faut donc louer
« ses vertus sans déguiser ses défauts, et me montrer
« à la fois historien et panégyriste. »

Une fois ce plan bien ou mal conçu, je crus ne pouvoir mieux faire louer sa clémence que par La Trimouille qui l'avait éprouvée ; sa législation, que par son garde des sceaux Poncher ; sa valeur, que

AVANT-PROPOS.

par Bayard; et j'osai conduire son peuple jusqu'à son lit de mort, pour donner une image forte et touchante de l'amour si tendre et si vrai que ce peuple portait à son roi. Quant aux fautes de mon héros, je voulus, pour les affaiblir, en mettre l'aveu dans sa propre bouche; je voulus qu'il s'en accusât lui-même, afin qu'on les excusât davantage; et je pensai que le moyen de rendre ses erreurs pardonnables, était qu'il ne voulût pas se les pardonner.

Je me suis trompé sans doute; j'ai mal loué Louis XII : mais enfin j'ai parlé de lui, et son nom seul doit rendre mon ouvrage intéressant pour tout lecteur sensible et français.

ÉLOGE
DE LOUIS DOUZE,
PÈRE DU PEUPLE.

Louis XII, après dix-sept ans de règne, au moment où son hymen avec Marie d'Angleterre lui donnait un allié puissant, et déconcertait les mesures de ses ennemis, Louis XII fut atteint de la maladie dont il mourut. Il n'avait que cinquante-trois ans; mais ses campagnes, et surtout le chagrin, l'avaient plus vieilli que son âge. Né avec un cœur tendre, que le malheur n'avait pas endurci, veuf d'Anne de Bretagne qu'il avait adorée, il s'enflamma trop aisément pour une épouse jeune et belle. Cet amour lui coûta la vie, et à la France sa félicité.

Les prières, les larmes de tout un peuple, ne purent sauver Louis. Il sentit approcher sa dernière heure, et voulut encore qu'elle fût utile. Il fit appeler le jeune François, son gendre et son successeur; et ne retenant avec lui que le brave La Trimouille, le garde des sceaux Poncher, et Bayard le *chevalier sans reproche*, Louis XII dit ces paroles à l'héritier de son trône :

Mon fils, vous allez régner à ma place : je n'ai qu'un désir et qu'un espoir, c'est que vous régniez mieux que moi. La flatterie, qui poursuit les rois jusque dans le tombeau, pourrait vous déguiser mes fautes ; je veux moi-même vous les révéler : et si l'aveu que j'en vais faire, si les pièges où je suis tombé, les imprudences que j'ai commises, les maux que je me suis attirés, peuvent vous en éviter de semblables, je ne me plaindrai point d'avoir souffert pour vous instruire, et d'avoir acheté de mon infortune le bonheur dont vous ferez jouir les Français... Les Français ! je sens qu'à ce nom je retrouve un peu de force, et que le plaisir de parler d'un peuple que j'ai tant aimé, va soutenir ma voix défaillante.

A ces mots, le jeune Valois, Poncher, La Trimouille, Bayard, laissent éclater leurs sanglots. Séchez vos pleurs, leur dit le monarque ; les momens sont chers, ne les perdons pas. Je vais mourir, mais mon peuple reste ; c'est de lui et non pas de moi qu'il faut s'occuper.

J'étais moins jeune que vous ne l'êtes, mon fils, quand Charles VIII me laissa le trône ; j'avais déjà trente-six ans. Cet âge devait être celui de la prudence : mais j'avais mal employé ma jeunesse, et qui ne réfléchit pas de bonne heure vieillit presque toujours sans fruit. Privé de mon père dès le berceau, mis sous la tutelle d'une mère que j'aimais tendrement, mais que je craignais peu, je ne répondis pas aux soins qu'elle prit de mon éducation. Je n'eus de goût, je ne montrai d'ardeur que pour les exercices du corps : je méprisai les lettres, qui m'ont depuis consolé. Je crus que le premier mérite d'un prince du sang français était d'être un bon chevalier; et j'oubliai que le premier devoir d'un homme né pour commander à d'autres hommes, c'est d'être plus instruit que ceux qu'il doit conduire.

Voilà, mon fils, voilà la source des erreurs de ma jeunesse, et peut-être des fautes de ma vie. Mon éloignement pour l'étude rendit mes passions plus fougueuses; je m'y livrai avec transport. Je n'avais point d'amis; j'étais prince : mes flatteurs achevèrent de m'égarer. Je me déclarai hautement contre madame de Beaujeu, la fille et la sœur de mes maîtres, à qui Louis XI avait donné la régence, et qui la méritait par ses qualités. En vain le prudent Louis XI m'avait fait jurer solennellement de ne pas troubler ses dernières dispositions pour la minorité de son fils; je fus parjure à Louis XI; je tentai de soulever Paris; j'excitai Maximilien à rompre la paix; je pris moi-même les armes contre mon roi; et tandis que je ne pouvais gouverner mon imprudente jeunesse, j'allumai la guerre civile, en prétendant gouverner la France.

J'en fus puni. Pris à la bataille de Saint-Aubin par le même La Trimouille que vous voyez ici présent, et qui depuis m'a si bien servi, j'expiai par une longue et dure captivité le crime de m'être armé contre mon souverain. Je n'obtins ma liberté que pour faire un plus grand sacrifice. J'adorais Anne de Bretagne, j'en étais aimé : il fallut consentir, il fallut contribuer moi-même à son hymen avec Charles VIII. Ainsi (et puissent tous les princes de la terre avoir sans cesse mon exemple devant les yeux!) pour avoir été rebelle, pour avoir oublié mon devoir, je fus vaincu, captif, et forcé de livrer ma maîtresse à mon rival.

La mort de Charles VIII me laissa le trône; et cette époque... est celle de votre gloire, interrompit La Trimouille avec transport. Après n'avoir été qu'un prince ordinaire, vous fûtes le meilleur des rois. Le ciel, qui vous donna les mêmes vertus qu'à Titus, prit plaisir à multiplier vos traits de ressemblance avec ce modèle des souverains. La jeunesse de Titus, nourrie et corrompue à la cour de Néron, ne promettait pas les doux fruits que porta sa maturité; la vôtre, élevée à la cour de Louis XI, ne vous annonçait pas tel que nous vous avons vu. Titus, vaillant, sensible, économe; Titus, les délices du genre humain, ne put cependant éviter les fléaux qui désolèrent l'Italie. Vous, aussi brave que Titus, aussi tendre, aussi avare d'impôts, vous, le père du peuple français, vous n'avez pu détourner les malheurs arrivés sous votre règne. Titus ne perdit qu'un seul jour; mais je doute qu'il en ait vu briller un plus beau que celui où l'on vous présenta la liste des officiers dont il fallait renouveler les provisions. La plupart avaient été vos ennemis, quelques-uns vos persécuteurs : vous marquâtes leur nom d'une croix, et ils tremblèrent tous. Ils crurent voir le sceau de votre vengeance : moi-même, qui avais combattu contre vous, moi qui vous avais pris les armes à la main, et qui avais causé tous vos malheurs, j'attendais en silence mon arrêt : *Ne craignez rien*, nous dites-vous en souriant, *cette croix, symbole du pardon que Dieu accorda aux hommes, vous annonce le pardon que vous accorde mon cœur. Et quant à vous, La Trimouille, qui servîtes si bien votre maître contre moi, vous me servirez de même contre ceux qui voudraient troubler l'État : soyons amis; un roi de France ne venge point les querelles d'un duc d'Orléans.*

Ah! sire, ces paroles retentissent encore au fond de mon cœur; toute la France les répéta; elles le seront d'âge en âge; et nos derniers neveux ne les entendront jamais sans attendrissement. Ils se rappelleront encore que le fougueux prince d'Orange, après avoir été votre ami, cessa tout à coup de vous aimer; et qu'assiégé dans Novarre avec vous, il osa vous offenser au point de nous faire craindre un duel entre vous deux. Vous n'étiez que prince alors; à peine fûtes-vous roi, que, contre votre principe, vous vengeâtes l'injure du duc d'Orléans : vous la vengeâtes en rendant au prince d'Orange sa souveraineté, dont Louis XI avait dépouillé son père. Ce fut en vain que votre parlement du Dauphiné voulut faire valoir vos anciens titres sur Orange : c'est le seul jugement peut-être que vous ayez rendu avec partialité; sans examiner vos droits, vous vous condamnâtes.

Non content de pardonner à ceux dont vous aviez à vous plaindre, vous pardonnâtes à ceux mêmes qui auraient pu se plaindre de vous : effort plus pénible et plus beau dans un roi! Madame de Beaujeu et sa famille ont été comblées de vos bienfaits (1) : votre vieille haine pour elle devint pour vous une raison de ne lui rien refuser. Ainsi vous sûtes

(1) Monsieur et madame de Beaujeu n'avaient qu'une fille unique, Suzanne de Bourbon; et le duché de Bourbon, les comtés de Clermont et de la Marche, devaient revenir à la couronne, en cas qu'ils n'eussent point d'enfans mâles : c'était une des conditions de leur contrat de mariage. Louis dérogea à cette clause, et conserva à Suzanne cet immense héritage, en la mariant à Charles de Bourbon-Montpensier, son cousin germain. C'est pour avoir voulu révoquer ce don que François premier s'attira tant de malheurs.

tourner au profit de votre vertu les erreurs de votre jeunesse ; et tout ce qui aurait pu tacher l'histoire de votre vie devint pour vous une occasion de gloire.

Ah ! s'écria Louis, ces traits ordinaires de justice ne réparent point à mes yeux l'action qui ternit les premiers instans de mon règne. Je fus clément pour mes ennemis, et cruel pour ma première épouse. Je pleure encore sur le sort de cette fille de Louis XI, de cette malheureuse Jeanne, à qui le ciel donna tant de vertus pour la consoler des attraits que lui refusa la nature. A peine uni avec elle, je l'accablai de mes froideurs. Sa douleur, sa patience, son amour même, n'en furent point affaiblis. Loin de se plaindre, elle cachait ses affronts, elle excusait toutes mes fautes ; et, n'employant que pour moi seul le crédit qu'elle avait sur le roi son frère, elle parvint à lui faire oublier ma révolte, et à ouvrir ma prison. Mon ingratitude ne la rebuta jamais. Au moindre succès je m'éloignais d'elle ; au moindre revers elle revenait à moi. Plus heureuse de me servir que si je l'avais servie, elle me combla toujours de bienfaits et eut toujours avec moi l'air de la reconnaissance. Hélas ! pour prix de tant d'amour, je demandai notre divorce. En rassemblant tous les griefs que j'avais contre mon épouse, je ne pus lui faire d'autre reproche que de manquer de beauté. J'osai, j'osai m'en prévaloir, et soutenir devant mes juges que, forcé par Louis XI de devenir l'époux de sa fille, je ne l'avais été que de nom. Qu'il le jure, répondit la modeste Jeanne, je m'en remets à son serment (1). Amis, je fis cet affreux serment; je trahis la vérité. Les nœuds de notre hymen furent brisés, et Jeanne ne se plaignit pas. Retirée loin de la cour, elle alla finir dans les larmes et dans la piété des jours que

(1) Les commissaires poussèrent l'indécence jusqu'à demander la visite et le témoignage des sages-femmes pour certifier si le mariage avait été consommé. Jeanne rejeta cette proposition avec l'indignation et la hauteur qui lui convenaient. Elle pria les commissaires d'interroger le roi lui-même, et de prononcer la sentence sur ses réponses. Louis XII ne se soumit qu'avec beaucoup de répugnance à cet interrogatoire; mais enfin il s'y soumit, et jura n'avoir jamais connu la reine, quoiqu'il fût certain et prouvé qu'ils n'avaient eu le plus souvent qu'une même table et un même lit : le mariage fut déclaré nul. Toutes les réponses de Jeanne à ses juges, avant qu'elle s'en remît au serment du roi, sont nobles et touchantes : les voici mot à mot : « Messeigneurs, je suis femme, « ne me connois en procès, et sur toutes autres affaires me dé- « plaît l'affaire du présent : je vous prie me supporter, si je « dis ou réponds chose qui ne soit convenable. Je sais que je « ne suis ni belle ni si bien faite que la plupart des femmes; « mais je n'eusse pourtant jamais pensé que de cette manière « eût pu venir aucun procès entre monseigneur le roi et moi : « je ne le soutiens qu'à grand regret, pour la décharge de ma « conscience, et sans cela, ne le ferois pour tous les biens et « honneurs du monde; et je supplie monseigneur le roi, dont « je désire faire le plaisir, ma conscience gardée, de n'être « mécontent de moi. » (*Procès manuscrit du divorce.*)

j'avais remplis d'amertume. J'épousai mon ancienne amante, et Jeanne mourut en me pardonnant. Mais ni mon peuple ni mon cœur ne me pardonnèrent comme elle : dans toute la France il s'éleva de justes murmures, et mon bonheur fut troublé par le remords dévorant.

Sire, lui dit alors le garde des sceaux, votre sensibilité vous exagère vos torts. Jeanne fut vertueuse sans doute, et nous devons tous des larmes à ses malheurs : mais Jeanne elle-même n'avait pas l'espoir de vous donner un héritier ; et il était important, pour le repos du royaume, que Louis XII devînt père. Un intérêt plus grand encore semblait prescrire ce divorce. La veuve de Charles VIII, Anne de Bretagne, rentrait, à la mort de son époux, en possession de ce beau duché. Un second hymen avec tout autre prince que vous, donnait la Bretagne à vos ennemis, et rendait à jamais impossible sa réunion à la couronne. Tous les bons citoyens se souvenaient que la France avait été sur le point de périr, parce qu'Éléonore de Guienne, après avoir été notre reine, alla donner ses provinces à un souverain d'Angleterre, et lui fournit ainsi le prétexte et les moyens d'ébranler le trône de nos rois. Sire, cet exemple devait faire trembler. Le bien de l'État, raison sans réplique, exigeait que Louis XII s'unît à la veuve de Charles VIII. Le parjure qui brisa vos premiers nœuds fut un crime sans doute : mais ce crime ne fut que pour vous seul, il devint un bienfait pour vos sujets, à qui vous épargnâtes des guerres civiles; et lorsque votre cœur vous le reproche, la patrie vous en absout.

Le peuple murmura, dites-vous : dites aussi comment vous punites ces murmures. Vous diminuâtes les impôts (1); vous refusâtes les subsides que les États, assemblés à Tours, avaient eux-mêmes réglés pour le sacre de nos rois, et, non content de ces bienfaits, vous prîtes l'engagement, que vous avez tenu depuis, de réduire vos revenus à la somme volontairement offerte par ces mêmes États à Charles VIII. Vous fîtes plus, et la France vous est redevable du plus beau, du plus utile des réglemens. Avant vous, les gens de guerre, aussi redoutables aux citoyens qu'aux ennemis, pillaient, désolaient les campagnes, se payaient par leurs propres mains, et comptaient au rang de leurs privilèges la rapine et le brigandage : vous, le plus vaillant de nos rois, vous, dont l'enfance et la jeunesse furent nourries dans les camps, à peine fûtes-vous sur le trône, que vous ne songeâtes qu'à protéger les laboureurs contre les soldats. Vous ne vous bornâtes point à de simples ordres, qui n'ont d'effet qu'un moment, et sont

---

(1) Edit de 1499.

bientôt oubliés et des sujets et du maître ; vous rendites stable à jamais le bien que vous faisiez à la France. Vos premiers édits assignèrent des fonds permanens destinés à payer vos troupes. Certaines désormais de recevoir leur salaire à l'instant où il était dû, elles n'eurent plus de prétexte pour rançonner vos sujets. Votre cœur trouvait encore ces réglemens insuffisans; et je me plais à rappeler devant votre successeur toutes les précautions que vous suggéra votre tendresse pour vos peuples. Vous enjoignîtes à vos gens d'armes de prendre toujours leurs quartiers dans des villes murées ; vous leur défendîtes d'approcher des villages, de s'écarter jamais dans les campagnes, et vous rendîtes leurs chefs responsables des désordres qui seraient commis. Par ces moyens si simples, si faciles, le laboureur, jadis dépouillé par ceux qu'il payait pour le défendre, recueillit en paix ses moissons. Il bénit le nom d'un roi qui veillait sur sa chaumière. Il vous donna de bon cœur le tribut qu'autrefois il fallait lui arracher ; et les larmes amères que faisaient couler les impôts furent changées en des larmes de reconnaissance et de joie. Vos guerriers eux-mêmes y gagnèrent. Forcés de remplir tous les devoirs de défenseurs de la patrie, ils oublièrent à la fin cette indigne rapine qui déshonorait leur bravoure : grace à vous, ils atteignirent à toute la hauteur de leur noble emploi; et la valeur, qui jusque-là avait été leur seule vertu, devint la compagne d'une vertu plus belle, l'humanité.

Ici Louis XII voulut interrompre le garde des sceaux et l'empêcher de poursuivre; mais Poncher continuant d'une voix ferme : Sire, lui dit-il, je ne vous ai jamais flatté pendant votre vie, souffrez aujourd'hui mes louanges pour apprendre à ce jeune prince à mériter d'être loué. Souffrez que je lui prouve, par votre exemple, que la source de toutes les vertus dans un roi n'est autre chose que l'amour de son peuple. C'est cet amour qui fit naître en vous une qualité peu brillante, mais peut-être la plus nécessaire au bonheur public; je veux parler de cette sage économie qui, au milieu des guerres les plus désastreuses, vous sauva du malheur d'augmenter les impôts. Vainement vos ennemis et quelques-uns de vos courtisans cherchèrent à jeter du ridicule sur une vertu qui faisait la félicité de vos peuples; vainement ils poussèrent l'insolence jusqu'à jouer sur le théâtre ce qu'ils appelaient votre avarice : vous, plus occupé de rendre heureux ceux qui vous raillaient que de punir leur raillerie, vous répondîtes avec douceur : *Laissons-les se divertir ; ils peuvent nous apprendre des vérités utiles. D'ailleurs j'aime beaucoup mieux faire rire mes courtisans de mon avarice que de faire pleurer mon peuple de ma prodigalité.*

Cette même économie qui fermait toujours vos trésors aux demandes de la cupidité, les ouvrait avec joie pour tous les établissemens utiles. Vous ne ménageâtes rien pour procurer à vos sujets une justice plus facile et plus prompte, et vous attaquâtes le mal dans sa source, en réduisant le nombre de ces sangsues publiques, dont la vue seule vous causait un mouvement de colère. Le grand conseil obtint par vous une forme meilleure et plus stable. En confirmant aux tribunaux le droit d'élire leurs membres, vous prîtes toutes les mesures que la sagesse humaine peut inventer, pour que le choix des électeurs tombât toujours sur le plus digne. Non-seulement vous exigeâtes des vertus dans ceux qui devaient punir les vices, mais vous ordonnâtes que tous vos baillis, tous vos sénéchaux fussent gradués; et pour vous assurer davantage de leurs qualités et de leurs lumières, vous voulûtes que vos magistrats répondissent les uns des autres. Souvenez-vous de cette ordonnance qui n'a pu être conçue que par un roi dévoré de l'amour de l'ordre; de cet édit qui enjoint à vos présidens *de s'assembler tous les quinze jours, ou au plus tard tous les mois, pour informer sur la conduite de ceux des conseillers qui ne rempliraient pas leurs fonctions avec le zèle, avec l'honneur, avec la gravité qu'elles exigent.* Vous vous faisiez rendre compte de ces assemblées; et jugeant vous-même ceux commis par vous pour juger les autres, vous connaissiez dans quelles mains vous aviez remis votre balance et votre glaive, et sur qui vous vous reposiez de la plus noble fonction des rois. Ainsi, corrigeant les abus qui dégradaient la magistrature, vous lui rendîtes en un moment sa véritable dignité; et vous fîtes le premier comprendre à votre fière noblesse que tout l'honneur n'est pas dans l'art de tuer les hommes, et qu'elle pouvait, sans déroger, défendre la veuve et l'orphelin.

Avant vous, deux grandes provinces, la Normandie et la Provence, n'avaient de juges que pendant quelques semaines; et ces tribunaux momentanés manquaient souvent de lumières, et presque toujours de temps. Vous leur donnâtes des parlemens fixes: et avant de les ériger, vous prîtes soin de consulter les États des deux provinces; car, même pour rendre plus heureux vos peuples, vous avez toujours respecté leurs privilèges. Crainte salutaire, qui retarde quelquefois le bien, mais qui rend le mal impossible. Enfin vous avez couronné tant d'utiles établissemens par cet édit mémorable où vous ordonnez *de suivre toujours la loi, malgré les ordres contraires à la loi que l'importunité pourrait arracher au monarque* (1). Maxime admirable, et si digne

---

(1) Edit de 1499.

du bon roi qui, en réprimant les gens de guerre, en éclairant les magistrats, en établissant les tribunaux, assura pour jamais à des millions d'hommes les deux premiers biens de la vie, la justice et le repos.

Plût à Dieu, s'écria le roi, que j'eusse chéri davantage ce repos, sans lequel il n'est point de bonheur! Plût à Dieu que, renonçant à des provinces qui m'appartenaient, sans doute, mais qui étaient trop loin de moi, je me fusse contenté du vaste royaume que le ciel m'avait donné! La France devait me suffire. Tant qu'elle renfermait un seul malheureux, il était plus pressant de le soulager que d'aller conquérir d'autres pays. L'exemple de Charles VII aurait dû m'instruire. Ses succès en Italie, sa marche triomphale jusqu'à Naples, sa victoire de Fornoue, ne lui produisirent d'autre fruit que la perte de son armée, l'épuisement de ses finances, et le renom d'un brave imprudent. J'avais condamné son erreur; et moi, plus âgé que lui, moi qui sentais que la vraie gloire consiste à rendre ses peuples heureux, j'abandonnai cette gloire si belle pour aller chercher les combats. Je préférai la conquête incertaine du Milanez et du royaume de Naples à la conquête sûre et facile des cœurs de tous mes sujets. Je ne voulus pas pour cette entreprise établir de nouveaux impôts; mais j'introduisis la vénalité dans les charges de finance, et je rendis possible, par cet abus, une vénalité plus importante. Ah! mon fils, ne m'imite pas. Respecte du moins la magistrature : ne souffre pas qu'on l'avilisse en la mettant à prix d'argent ; et souviens-toi que, pour interpréter les lois, un sens droit et un cœur sensible sont plus nécessaires que des richesses.

Cette vénalité des charges répugnait à mon cœur et à ma raison ; mais j'eus la faiblesse de céder au besoin des ressources, au désir violent de conquérir mon héritage, à l'ascendant qu'avait sur moi ce digne ami, ce sage ministre qui m'aimait avant que je fusse roi, et qui aima mon peuple pour me plaire. D'Amboise, toi que j'ai tant pleuré, toi dont la France chérira toujours la mémoire, tu m'as fait commettre des fautes; tu signas le traité de Blois qui assurait à l'Empereur la plus belle moitié du royaume; tu te laissas tromper souvent, et tu fus un moment enivré de l'espoir de porter la tiare : mais c'était ton amour pour moi qui seul causait tes erreurs. Tu désiras d'être pape parce que le pape pouvait m'être utile; et si tu oublias quelquefois la prudence, jamais tu n'oublias ni l'honneur, ni l'amitié. Va, contente-toi de ce partage; laisse à d'autres ministres, dont la mémoire est détestée, le triste avantage d'avoir trompé tant de princes, et d'avoir subjugué le leur : tu ne trompas personne; tu chéris ton roi, et rendis mes sujets heureux. Qu'importe que l'on t'admire moins, si l'on t'a béni davantage?

D'Amboise fut ébloui comme moi de la conquête du Milanez : nous ne rougîmes pas tous deux, car nos cœurs régnaient ensemble, nous ne rougîmes pas d'allier mon nom à celui de César Borgia, de cet exécrable fils du plus exécrable des hommes. Regarde, Valois, regarde jusqu'où peut aller l'aveuglement des conquêtes! moi, plus chevalier que roi, moi qui aurais préféré de mourir plutôt que de manquer à l'honneur, je reçus dans ma cour, je comblai de bienfaits le fils d'Alexandre VI; mes Français, mes braves Français marchèrent sous ses drapeaux; et Louis XII fut l'allié de ce pape qui souilla la chaire de saint Pierre par des crimes inconnus jusqu'à lui, dont les moindres forfaits furent des assassinats, dont l'empoisonnement fit les délices; qui laissa loin derrière lui les monstres de l'ancienne Rome, et qui prouva sans doute mieux que les saints mêmes la divinité de notre religion, puisque les hommes sont restés Chrétiens sous un tel chef de l'Église.

Le juste ciel me punit de cette coupable alliance : vainement je m'emparai du Milanez; vainement le traître Ludovic, réduit à fuir devant moi, me fut livré par ces mêmes Suisses qui depuis..... ils étaient fidèles alors; je sentis que ma conquête allait m'échapper; et j'achevai ma ruine en voulant la prévenir, en partageant le royaume de Naples avec ce roi d'Aragon, ce Ferdinand, nommé *le catholique* par ses flatteurs, et *le perfide* par ses alliés; ce roi dont la politique comptait pour rien les sermens, dont l'unique règle fut son intérêt, et qui se vanta bassement de m'avoir trompé dix fois, quand ma crédule amitié ne lui reprochait que deux parjures (1). Tel fut l'ami que j'allai choisir pour lui donner la moitié de ce beau royaume de Naples, toujours conquis et toujours perdu par les Français. Les trahisons, les perfidies de Ferdinand, soutenues par les talens de Gonzalve, le grand capitaine, m'eurent bientôt enlevé la moitié que je m'étais réservée; et tandis que César Borgia employait mes troupes à déposséder les voisins de Rome, à réduire par mes armes ceux qui étaient à l'abri de ses poisons, le pontife son père vendait mes intérêts à l'Espagne, soulevait contre moi les Suisses, et excitait à m'attaquer et Venise et l'Empereur.

(1) Quand l'ambassadeur de Ferdinand lui rapporta que Louis XII se plaignait d'avoir été trompé deux fois par lui, Ferdinand répondit: « Il en a bien menti, l'ivrogne, je l'ai « trompé plus de dix. » C'est sans doute pour punir Ferdinand de ses perfidies que l'histoire a conservé ce mot grossier.

Ainsi, également trompé par mes ennemis et par mes alliés, seul, en butte aux perfidies de Ferdinand, du pape, de son fils, et de tous les princes d'Italie, que j'avais ou secourus ou soumis, je vis détruire mes armées, et perdis toutes mes conquêtes. Juste châtiment de mon alliance avec des monstres; car je n'ai jamais douté, mon fils, que le ciel n'ait voulu m'en punir : le ciel était irrité sans doute, puisque nous fûmes toujours défaits, et que Bayard combattait pour nous.

Oui, sire, s'écria le bon chevalier, nous fûmes battus à Seminara, à Cérignole, au Garillan : d'Aubigny, Nemours, la Palisse, Louis d'Ars et moi nous n'avons pu résister à Gonzalve; et l'art funeste des mines, inventé par Pierre Navarre, nous enleva les châteaux de Naples : mais nous fûmes toujours vainqueurs quand vous nous avez commandés. Rappelez-vous, sire, votre descente en Italie (1) quand vous vintes venger nos affronts; les Génois forcés dans leurs montagnes escarpées, les rebelles dissipés en un moment, Gênes prise, et notre vaillant roi faisant son entrée triomphale à la tête de son armée. Je vous vois encore, sire, affecter dans vos regards une sévérité qui n'était pas dans votre cœur. Ce peuple tant de fois coupable,

(1) Année 1507.

ce peuple, qui s'était porté contre les Français à des horreurs qui font frémir la nature (1), attendait son arrêt en tremblant ; il n'osait espérer de grace, il savait qu'il n'en méritait point : mais c'était Louis qui venait de vaincre, Louis allait pardonner. Gènes fut sauvée; et ce peuple rebelle et féroce éprouva, dans le même jour, le courage et la clémence de mon roi.

Des ennemis plus redoutables, les Vénitiens, furent bientôt défaits à leur tour. Agnadel, nom célèbre à jamais par les exploits de mon maître! Agnadel, c'est dans tes plaines que Louis fut à la fois et général et cavalier! C'est là que ses conseils éclairèrent La Trimouille, et que sa valeur effaça tout ce que nous étions de braves dans son armée. En vain, sire, vos ennemis, plus nombreux que nous, maîtres des hauteurs, et retranchés derrière un ravin, avaient pour eux l'avantage du poste, et

(1) Les Génois révoltés allèrent investir une petite forteresse appelée le Castellaccio, où Renaud de Noailles commandait avec vingt soldats seulement. Il obtint la liberté d'en sortir avec les honneurs de la guerre ; mais les Génois, violant la capitulation, fendirent le ventre aux uns, leur arrachèrent le cœur et les entrailles, se lavèrent les mains dans leur sang, taillèrent en morceaux les autres, et firent mourir les femmes « qui là étoient, de tant cruelle et étrange mort, que l'horreur « du fait défend d'en dire la manière. » Ce sont les termes de la chronique : et voilà le peuple à qui Louis XII pardonna.

se voyaient commandés par Petiliane et l'Alviane, les deux plus grands généraux d'Italie. Nous, nous avions notre roi, et ce roi était un héros. Malgré le feu redoublé de l'artillerie, qui emportait des rangs entiers de vos Suisses, vous courûtes à ce ravin, vous le franchîtes à la tête de vos Gascons ; et vous élançant, l'épée à la main, à travers le carnage et le feu, vous précipitant partout où le péril était le plus grand, attaquant tout ce qui résistait, et employant à la fois pour vaincre et votre tête et votre bras, vous fîtes fuir les ennemis et fîtes pâlir vos sujets. Oui, sire, rappelez-vous que, tremblans pour vos jours, et pouvant à peine vous suivre au milieu des lances vénitiennes, nous vous suppliâmes de moins exposer votre personne sacrée : *Ce n'est rien*, nous dites-vous ; *ceux qui ont peur, n'ont qu'à se mettre à couvert derrière moi*. O mon maître ! ô mon héros ! j'aimais la gloire sans doute ; mais combien je l'aimai davantage quand je vous en vis couvert ! O valeur, que tu es belle, surtout dans un roi ! Car, qu'un soldat comme Bayard, qui n'a de bien que son épée, cherche le trépas où l'estime, il remplit son devoir et son sort. Mais que vous, roi de la France, amant d'une épouse qui vous adore, père d'une fille chérie, maître de passer vos jours dans les tendres soins, dans les douces jouissances d'un époux, d'un père, d'un monarque heureux ; que vous, à la fleur de l'âge, vous quittiez vos États, votre palais, tout ce qui vous est cher, pour aller coucher sur la terre, pour aller donner à vos guerriers l'exemple de la tempérance, et pour les devancer tous quand il faut affronter la mort; voilà, voilà le comble de l'héroïsme, et c'est avec respect et justice que Bayard vous cède la palme de la valeur.

En disant ces mots, Bayard met un genou à terre, et baise la main du roi. Bon chevalier, lui dit le monarque, grace au ciel, je fus toujours insensible aux flatteries de mes courtisans; mais quand Bayard loue mon courage, je ne puis me défendre d'un mouvement d'orgueil. Oui, mon brave ami, mon compagnon d'armes, mon cœur éprouve une douce joie quand tu dis qu'il ressemble au tien. Mais cesse d'exagérer le mérite de cette valeur héréditaire aux princes français; elle leur fût souvent funeste. Le brave Jean perdit la France, l'intrépide saint Louis pensa la perdre; tous deux acquirent de la gloire dans les combats, mais leurs exploits leur valurent des fers. Combien en coûta-t-il pour les briser! Puisse mon successeur, aussi vaillant que ces deux héros, se souvenir de tout le sang qu'ils ont fait verser, et des provinces qu'il fallut donner pour leur rançon! Triste condition des rois, dont les moindres défauts font le malheur de tout un peuple, et dont les vertus mêmes sont quelquefois funestes! J'ai

arrosé de mes pleurs les lauriers cueillis à Agnadel :
je détruisais moi-même le seul peuple d'Italie qui
devait être mon allié. Quelques légères injures des
Vénitiens me firent oublier que mon intérêt et le
leur nous prescrivaient de rester unis. Le désir de
rabaisser l'orgueil de ces fiers républicains m'empêcha de sentir qu'ils étaient la seule digue que je
pouvais opposer à Maximilien, de tout temps mon
ennemi; au perfide Ferdinand, l'usurpateur de mes
États de Naples; et à ce fameux pape, Jules II, ce
guerrier, père des fidèles, qui fit un casque de la
tiare, et passa au fil de l'épée les chrétiens qu'il
devait bénir. Combien la colère aveugle les rois! je
choisis mes plus cruels ennemis pour me liguer avec
eux dans Cambrai, pour accabler de concert le seul
peuple qui pouvait me défendre. Mes plus grands,
mes plus heureux exploits furent contre ce peuple :
je défis les Vénitiens; et, bientôt trompé par le
pape, trahi par Ferdinand, attaqué par les Suisses,
que mes alliés firent soulever, tout le fruit de cette
fameuse ligue de Cambrai fut d'avoir à combattre
tous ceux pour qui j'avais combattu. Et toi, dont
le souvenir m'arrache encore des larmes, toi, l'honneur de ma maison, le héros, l'espoir des Français,
jeune grand homme, qui n'eus besoin que de peu
d'années pour acquérir autant de gloire que les

plus vieux et les plus illustres généraux, ô Gaston de Foix, que n'ai-je pu payer de tous mes États d'Italie tes jours moissonnés à Ravenne! Que n'ai-je pu du moins combattre à tes côtés, et te défendre, ou mourir! Bologne, Bresse, Ravenne, théâtres de tes triomphes, ne se nommeront jamais sans attendrir les cœurs français, et sans arracher de tous les autres des éloges et des respects.

Malgré les victoires de Gaston, malgré tes exploits, Bayard, nous perdîmes sans retour et Naples et le Milanez; je vis enlever la Navarre à un prince de mon sang; les Suisses vinrent assiéger Dijon; et sans ta valeur, La Trimouille, sans ta sagesse et tes talens, les ennemis pénétraient jusqu'au cœur de la France; tandis que tu défendais la Bourgogne, l'Espagnol attaquait mes frontières, et l'Anglais me prenait mes villes et Bayard. Tout était perdu, tout l'était par ma faute, pour avoir rompu avec les Vénitiens, pour m'être joint à mes ennemis, pour avoir ménagé le pape, et cédé aux faibles terreurs d'Anne de Bretagne, mon épouse, dont la piété mal éclairée voyait toujours le successeur de saint Pierre dans un pape allié des Turcs, et me forçait à des égards envers un pontife qui détruisait mes armées, et mettait mon royaume en interdit. Je ne sentais que trop l'empire de mon épouse, et je sentais qu'elle en abusait; mais je l'aimais, et j'en étais aimé : mon cœur fut toujours la cause de toutes les fautes de mon esprit.

J'étais sur le point de tout réparer; mon hymen avec la sœur de Henri VIII, mon alliance avec l'Angleterre, allaient me venger à la fois de Ferdinand, de Maximilien et du pape : la mort arrête mes projets. C'est à vous, mon fils, à les suivre, ou plutôt à en concevoir de meilleurs. Croyez un roi qui vous aime, qui chérit surtout votre peuple, et qui va, dans un instant, répondre à Dieu de tous les malheurs qu'il a causés. C'est au lit de la mort que l'on voit mieux le néant des conquêtes; croyez donc ce que vous dit un roi mourant.

Je vous laisse le plus beau royaume de l'Europe; votre peuple, brave, fidèle, industrieux, est doué, par-dessus tous les peuples, d'un amour pour ses rois qui lui rend tout facile. Je n'ai jamais oublié, et tous mes successeurs doivent s'en souvenir, qu'après mes premiers revers en Italie je demandai des secours à mon peuple; il m'offrit plus d'argent que je n'en voulais. Ma victoire sur Gênes rendit cet argent inutile; je priai mon peuple de me le garder (1) : et voilà comment il faut traiter avec lui.

(1) En 1507, Louis XII ayant calculé que ses revenus et ses épargnes ne lui suffiraient pas pour l'expédition d'Italie,

Chez toutes les nations du monde, ce sont les biens qui paient les impôts; en France, ce sont les cœurs. Aimez donc ce peuple sensible, qui souffrira tout sans murmure, s'il est sûr d'être chéri. J'en suis un exemple, mon fils: je leur ai fait passer six fois les Alpes; ils se sont vus, sous mon règne, battûs en Italie, attaqués en Gascogne, en Languedoc, en Picardie, en Bourgogne, en Franche-Comté; mes fautes de politique ont fait verser des flots de leur sang et ont épuisé leurs trésors: ils m'ont tout pardonné, parce qu'ils savaient bien que je pleurais le premier de leurs maux. O nation aimable et fidèle, dont le premier besoin est d'aimer tes rois! Eh! quelle serait leur erreur d'aller chercher ailleurs d'autres sujets! où en trouveraient-ils qui te valussent?

Mon fils, contentez-vous donc de la France; votre partage est assez beau; mettez votre gloire à la rendre heureuse, et non pas à l'agrandir: ou, si une noble émulation vous anime, tournez-la du côté des arts. Eux seuls vous manquent, et voici le siècle

---

demanda à ses principales villes des secours extraordinaires, et ne se pressa pas de les lever. Il fut vainqueur des Génois plus tôt qu'il ne l'avait espéré, et il écrivit à ses peuples, en leur annonçant ses succès, « qu'ils n'avaient qu'à garder leur « argent, qu'il profiterait mieux dans leurs mains que dans « ses coffres. » (*Histoire de Louis XII.*)

où ils semblent s'élever à leur plus haute perfection.

Les navigateurs du Portugal ont déjà découvert un passage aux Indes ; ceux de l'Espagne sont à la recherche d'un monde nouveau. L'Italie, de tout temps féconde en grands hommes, rassemble dans son sein des chefs-d'œuvre de tous les genres. La cour de Léon X, du successeur de Jules mon ennemi, devient l'asile des beaux-arts ; la peinture, la sculpture, la noble et simple architecture des anciens, la poésie et les belles-lettres qui consolent dans l'infortune, qui rendent doux et modéré dans la prospérité, tout fleurit en Italie. Voilà ce qu'il faut aller conquérir, et non pas le Milanez. Oublie de faibles États, plus à charge qu'utiles à un monarque éloigné. Abandonne des sujets perfides, qui détestent le joug français, et qui ont oublié l'art de vaincre pour perfectionner l'art de trahir. Tes terres valent mieux que les leurs ; tes sujets sont plus braves et plus fidèles. Il ne manque aux Français que des lumières pour être le premier des peuples. C'est le seul avantage que l'Italie ait sur nous. J'ai vu dans nos guerres du Milanez, quand nous étions vainqueurs de nos ennemis, observateurs religieux des traités, protecteurs des faibles et l'effroi des méchans, j'ai vu la cour d'Alexandre VI, où chaque jour était marqué par des empoisonnemens, traiter les Français de barbares : et cet orgueil n'était fondé que sur les beaux-arts qu'elle avait de plus que nous. Va donc les enlever à l'Italie; transporte-les dans notre France : ton peuple, spirituel autant que sensible, surpassera bientôt ses maitres. Paris deviendra, je l'espère, l'asile de tous les arts, le temple de tous les talens, le centre de la politesse, et l'école du monde entier. O heureux temps, dont je jouis en espérance, où, laissant à la faible Italie les Etats que j'ai tant souhaités, nous aurons conquis ce qui fait sa gloire, et où le siècle d'un roi de mon sang effacera le siècle des Médicis !

Voilà mes vœux, mon cher fils : c'est à toi de les remplir, ou du moins de tout préparer pour leur entier accomplissement. Mais que l'amour même des arts, si préférable à l'amour des conquêtes, ne te fasse pas oublier ton peuple. Demeure dans l'ignorance plutôt que d'acheter la lumière en accablant la France d'impôts. Le bonheur du peuple, voilà le premier devoir, la plus pressante occupation d'un roi. Penses-y toujours, mon fils, et penses-y d'autant plus, que tes courtisans ne t'en parleront jamais.

Louis, en disant ces paroles, tend la main au jeune François. Celui-ci se jette dans ses bras, et fondant en larmes, en pressant le roi mourant contre son cœur, et demandant à Dieu, avec des sanglots, de prolonger les jours de celui qu'il veut prendre pour modèle. La Trimouille, Poncher,

Bayard, tombent à genoux autour du lit, élèvent leurs bras vers le ciel, et joignent leurs prières et leurs larmes à celles du jeune Valois, quand tout à coup on entend retentir le palais de cris plaintifs, de gémissemens, de mille voix confondues avec des sanglots. Louis, étonné, prête une oreille attentive; et ce triste bruit va toujours croissant, jusqu'à ce qu'enfin les portes de son appartement s'ouvrent avec fracas, et un flot de peuple se précipite et tombe à genoux devant Louis.

Pardonnez, s'écrient-ils, ô le meilleur des rois, pardonnez si nous avons forcé vos gardes, si nous avons brisé vos portes. Nous n'espérons plus que le ciel vous rende à nos vœux, à nos larmes, et nous voulons vous voir encore, nous voulons contempler notre père, et ne pas perdre un seul des instans que nous allons tant regretter. Ah! laissez-nous, laissez-nous jouir du reste de notre bonheur, laissez-nous regarder et entendre encore le bon roi qui nous aima si bien.

En disant ces mots tous se pressent autour du lit, tous se prosternent et poussent de longs gémissemens. Quelques-uns relèvent leurs têtes et essuient les larmes qui remplissent leurs yeux pour mieux considérer Louis, pour mieux saisir sur son visage la moindre lueur d'espérance. Mais la pâleur de

Louis ne leur laisse plus d'espoir ; leurs larmes coulent avec plus d'abondance, et leur tête retombe sur leur poitrine. D'autres baisent les meubles qui lui ont servi, les vêtemens qu'il a portés, les voiles qui couvrent son lit. Tous rappellent ses bienfaits : Il m'a rendu mes biens, disait l'un ; il a garanti mes champs du pillage, disait l'autre ; il m'a sauvé la vie à Agnadel, s'écriait en sanglotant un vieux soldat. Je suis Génois, interrompait un archer couvert de blessures ; j'étais parmi les révoltés, il me donna ma grace, et nourrit mes enfans. Et moi, disait un vieillard, je fus plus coupable que vous (1), je suis Standonck, nom trop célèbre par mes fureurs contre Louis. Je fis révolter l'université, j'outrageai Louis dans mes discours, je fis des libelles contre

(1) Ce Standonck, qui fut recteur de l'université, mourut en 1504 ; ainsi il ne pouvait être à la mort de Louis XII, arrivée en 1514 ; mais on s'est cru permis de faire cet anachronisme, pour pouvoir placer dans l'Eloge de Louis XII un des plus beaux traits de clémence de ce bon roi. L'anecdote du peuple forçant les portes de son palais, et environnant son lit en pleurant, n'est pas dans l'histoire ; mais on n'a qu'à relire quelle fut la désolation de la France lorsque Louis XII fut malade en 1505, on verra qu'on n'a rien exagéré, qu'on a transporté seulement cette époque à celle de la mort du roi, en y ajoutant une situation dramatique. On a pensé qu'aucune invention n'était mensonge quand il fallait exprimer l'amour du plus sensible des peuples pour le plus aimé des rois.

lui ; le parlement me bannit à perpétuité, et Louis fit abolir l'arrêt. Il me punit de mes injures en écrivant lui-même mon éloge ; il se vengea de mes insultes en me rétablissant dans mes honneurs. Alors tous criaient à la fois : Dieu tout-puissant, prenez nos jours, et conservez à nos enfans notre bon roi !

Ce spectacle, ces larmes, ces cris, achèvent d'épuiser les forces du mourant Louis. Il se soulève avec peine ; il veut parler, il ne peut que pleurer. Il regarde ce peuple en souriant à travers ses larmes ; son ame, prête à s'échapper, s'arrête pour jouir encore de l'amour de ses sujets. Mais il sent que le moment approche ; et, faisant un dernier effort, il saisit la main de François Ier, et lui dit d'une voix éteinte : Regardez, mon fils, regardez, et jugez s'il est doux d'être roi d'un tel peuple. Hélas ! je ne demande à Dieu, je ne demande à vous qu'une grace, c'est que vous leur fassiez oublier Louis XII, en les rendant plus heureux qu'ils ne l'ont été sous mon règne. Le moyen en sera facile, mon fils ; aimez-les comme vous voyez qu'ils savent aimer. Tout l'art de régner sur des Français consiste dans un seul mot : aimez-les. En disant ces paroles il expire, et tout le peuple jette un cri lamentable. A ce cri succède un silence morne et profond. Chacun se relève, regarde long-temps le visage pâle du bon roi; et sortant du palais, les yeux baissés et noyés de larmes, ils vont crier dans les rues et dans les places publiques : *Le bon roi Louis XII, le père du peuple, est mort!*

FIN.

VOLTAIRE

ET

LE SERF DU MONT JURA,

PIÈCE COURONNÉE PAR L'ACADÉMIE FRANÇAISE EN 1782.

AVANT-PROPOS
NÉCESSAIRE.

En 1779, le roi, par un édit mémorable, affranchit tous les serfs de ses domaines. Cet édit, monument de justice et de bienfaisance, a fait adorer le nom de Louis XVI, et le fera bénir des générations futures. L'Académie Française se hâta de donner pour sujet du prix de poésie l'abolition de la servitude dans les domaines du roi. Aucun des ouvrages envoyés au concours ne remplit les vues de l'Académie : le prix fut remis deux fois ; et l'on finit par laisser aux candidats la liberté de prendre un autre sujet.

Jeune alors, plus occupé du service que de la poésie, je n'avais jamais fait de vers, ni conçu seulement l'idée d'envoyer une pièce au concours. Fâché pourtant de voir changer un si beau sujet, pénétré de respect et d'amour pour la bonté de mon roi, je voulus essayer de le célébrer; et, prenant ma sensibilité pour de la verve, je me mis à écrire.

J'étais plein de M. de Voltaire : il avait comblé de bontés mon enfance. Avant de savoir qu'il était le plus grand des écrivains, j'avais su qu'il était le plus aimable des hommes, et mon attachement pour lui était plus ancien que mon admiration. Dans mes fréquens voyages à Ferney, je l'avais vu bâtir une ville, où il rendait heureux par ses bienfaits trois mille citoyens qu'il y avait attirés. Je l'avais entendu parler avec horreur de la mainmorte, et gémir sur le sort de douze mille habitans du mont Jura, soumis à cette loi atroce. Le nom de M. de Voltaire s'unissait de lui-même, dans mon esprit, avec le mot d'humanité; et je croyais impossible de parler de l'un sans parler de l'autre.

Je voulus donc que mes premiers vers fussent à la gloire de mon roi, à la louange d'un grand homme dont je chérissais la mémoire, et à l'utilité des malheureux mainmortables.

Je fis l'ouvrage qu'on va lire. Il est très-imparfait

AVANT-PROPOS.

sans doute : il devait l'être, je n'avais aucun usage de la poésie, mais mon cœur me tint lieu de talent, et ma pièce fut couronnée.

Avant de la lire, il est nécessaire, pour l'intelligence de l'ouvrage, de connaître quelques articles tirés de la coutume de Franche-Comté, titre *des Mainmortes*.

Le serf mainmortable ne cultive jamais pour lui; jamais la terre qu'il laboure ne peut être son patrimoine. Tout ce qu'il acquiert, tous les immeubles qu'il possède dans la contrée ne lui appartiennent pas davantage; il n'en a que l'usufruit. A sa mort, le seigneur s'en empare; et les enfans en sont frustrés, si ces enfans n'ont pas toujours habité la maison de leur père, si la fille du serf ne prouve pas que la première nuit de ses noces elle a couché dans la maison de son père, et non pas dans celle de son mari.

Tout Français, tout étranger qui a le malheur d'habiter un an et un jour dans une terre mainmortable devient serf, et communique cette tache à toute sa postérité.

Le mariage d'un homme libre avec une serve rend serfs l'époux et ses enfans, s'il partage la maison de sa femme pendant un an et un jour. Il n'y a qu'un seul moyen de soustraire sa famille à la servitude : on arrache le serf mourant de la maison d'esclavage ; on le porte sur une terre libre, pour qu'il y rende le dernier soupir ; et la liberté des enfans est le prix de ce trajet, qui avance l'agonie du père de famille. Encore de graves auteurs disputent-ils cette liberté aux enfans. (*Traité de la Mainmorte*, page 48.)

C'est d'après ce dernier article que j'ai conçu mon ouvrage. Que n'ai-je pu y mettre assez de talent pour le rendre utile ! que n'ai-je pu attendrir toutes les ames sensibles en faveur de douze mille infortunés, toujours soumis à cette horrible loi, dans huit paroisses mainmortables du chapitre de Saint-Claude ! Jusqu'à présent tous les efforts que l'on a faits pour eux ont été vains, et l'exemple du roi est demeuré inutile. Le joug qui accable ces malheureux est aussi dur, aussi pesant qu'il l'était dans nos siècles de barbarie. Rien n'a changé pour ces infortunés, qui doivent se regarder comme abandonnés de la Providence, puisque, sous le meilleur des rois, sous un prélat selon le cœur du pauvre, ils n'ont pas encore entrevu l'espoir de sortir un jour de l'esclavage.

VOLTAIRE
ET
LE SERF DU MONT JURA.

    Au pied de ces monts sourcilleux,
    Remparts de l'antique Italie,
    Qui jusqu'à la voûte des cieux
    Portent leur cime enorgueillie,
Est un vallon riant, asile de la paix :
    Là, sur les bords d'un lac tranquille,
Le laboureur sillonne une terre fertile
    Qui lui prodigue ses bienfaits.
L'heureuse liberté règne dans cet asile.
Elle ajoute à ces dons des biens encor plus grands ;
Et de rocs escarpés une chaîne terrible
    Garantit ce séjour paisible
    Des aquilons et des tyrans.

    Près de cette terre chérie
Voltaire avait cherché le prix de ses travaux ;
Rassasié de gloire, il voulait du repos.
Lassé d'avoir encore à combattre l'envie,
    Après soixante ans de combats,

Il venait consacrer les restes de sa vie
Au plaisir triste et doux de faire des ingrats.
    Il élevait une ville nouvelle
Ouverte aux malheureux dont il est le soutien.
Ils accourent en foule où sa voix les appelle;
Dans les murs qu'il bâtit tout pauvre est citoyen.:
      L'infortuné qui se présente
      Est sûr de trouver des bienfaits.
Voltaire va chercher la famille indigente
    Qu'un incendie, un orage, un procès
Vient de réduire à l'affreuse misère :
Séchez vos pleurs, dit-il, je vous rendrai vos champs;
    Venez m'apporter vos enfans,
    Venez m'aimer, je serai votre père.
Ces malheureux, étonnés, attendris,
Tombent aux pieds de ce dieu tutélaire;
    Ils baisent cette main si chère
    Par qui tous leurs maux sont finis.
La mère à son berceau court enlever son fils,
Et le pose en pleurant aux genoux de Voltaire :
    Voilà, dit-elle, mon seul bien;
    Soyez et son maître et le mien.
    Trop jeune, hélas! pour sentir sa misère,
Il ne sait pas encor bénir son bienfaiteur,
    Mais il l'apprendra de sa mère.
Le grand homme à l'enfant sourit avec douceur;
Donner est un besoin pour son ame attendrie.

Et les seuls plaisirs de son cœur
Peuvent délasser son génie.

Bientôt de nombreux habitans
Vivent heureux par lui dans sa naissante ville.
Si la discorde vient troubler ce doux asile,
Voltaire juge ses enfans :
Il parle, et sa douce éloquence
Apaise les ressentimens.
L'art de toucher les cœurs fut toujours sa science.
Il leur enseigne la vertu ;
Il sait la faire aimer de ce peuple sauvage,
Et descend jusqu'à leur langage
Pour en être mieux entendu.

Un jour, assis dans la campagne,
Voltaire contemplait avec des yeux charmés
Ces champs, jadis déserts, en cités transformés,
Lorsque du haut de la montagne
Il voit venir à lui, d'un pas précipité,
Des femmes, des enfans, pâles, baignés de larmes.
Au milieu d'eux était porté
Un vieillard expirant, objet de leurs alarmes :
Leurs bras étaient son lit. Le vieillard malheureux
Tournant sur eux sa mourante paupière :
Arrêtez, leur dit-il ; j'ai touché cette terre,
Je suis libre ; il suffit : recevez mes adieux.

En prononçant ces mots il est près de Voltaire,
    Qui veut en vain le secourir :
Non, non, dit le vieillard, daignez plutôt m'entendre;
    Et si mes maux touchent votre ame tendre,
Secourez mes enfans, et laissez-moi mourir.

La Suisse est mon pays. Je quittai ma patrie
A l'âge où de l'amour naît le premier désir,
Où le cœur a besoin de peine ou de plaisir
    Pour pouvoir supporter la vie :
Vers la Franche-Comté je dirigeai mes pas.
Parmi ces monts glacés, au milieu des frimas
Qui des tristes sapins font courber le feuillage,
Dans ces lieux où l'hiver étale son horreur,
Je devins amoureux; et ce désert sauvage
Fut alors à mes yeux le séjour du bonheur.
    Dès ce moment j'oubliai ma patrie.
    Uni bientôt à l'objet de mes vœux,
        Auprès d'une épouse chérie
        Chaque jour fut un jour heureux.
Les fils que vous voyez ont resserré mes nœuds :
Je cultivais le champ dont ce doux hyménée
        M'avait rendu le possesseur ;
Et lorsque, fatigué d'une longue journée,
Je regagnais le soir la maison fortunée
Où j'allais embrasser tout ce qu'aimait mon cœur,
    Alors je sentais dans moi-même

Que le travail ajoute à la félicité,
Et qu'il ne faut pour le bonheur suprême
    Que la tendresse et la santé.
Hélas ! j'ai tout perdu : mon épouse adorée
    A fini ses jours dans mes bras.
Grace au ciel, ma douleur m'a conduit au trépas,
Et je vais retrouver celle que j'ai pleurée.
    Mais, ô comble de mes malheurs !
Soixante ans de travaux restent sans récompense !
    En vain j'assurai l'existence
De ces dignes enfans qui me baignent de pleurs ;
Le cruel envoyé d'un despote invisible
Est venu m'annoncer que ma maison, mes champs,
Mes biens et mes troupeaux, moi-même et mes enfans,
    Appartenaient à son maître inflexible.
Les habitans, dit-il, de ces tristes climats,
Esclaves au berceau, meurent dans l'esclavage.
Si leurs fils un moment quittent leur héritage,
La loi nous l'abandonne au jour de leur trépas.
    Vainement le ciel vous fit naître
Chez un peuple guerrier vainqueur de nos aïeux :
Vous êtes devenu l'esclave de mon maître
    En respirant l'air de ces lieux.
    Du produit de votre héritage
Vendu pour enrichir ces stériles guérets,
    Vous avez cru payer le nom français,
    Et vous avez acheté l'esclavage.

Il est un seul moyen d'échapper à nos lois :
Allez mourir sur une terre
Où de la liberté l'on connaisse les droits,
Vous délivrez alors votre famille entière
En assurant sa pauvreté,
Et vous lui laisserez à votre heure dernière
L'indigence et la liberté.
Quelle fut ma surprise à cet arrêt sinistre !
Mes maux pour un moment furent tous suspendus ;
Et fixant l'avide ministre,
J'eus peine à retrouver mes esprits éperdus :
Cruel, lui dis-je alors d'une voix affaiblie,
J'ignorais tes horribles lois,
Et je pensais dans ta patrie
N'avoir de maîtres que tes rois.
O vous, mes chers enfans, secourez ma faiblesse !
Portez-moi dans vos bras, hâtez-vous, le temps presse,
Je sens que mes jours vont finir.
Dieu juste, accordez-moi quelques instans de vie,
Et qu'avant mon dernier soupir
Je touche à l'heureuse patrie
Où les pères peuvent mourir !
Mes vœux sont exaucés, j'échappe à l'esclavage.
O vous qui de vos pleurs mouillez mes cheveux blancs,
Prenez pitié de mes enfans,
Je meurs à vos genoux, c'est leur seul héritage.
Ainsi parla le vieillard malheureux.

Son récit fit pleurer Voltaire :
Enfans, dit-il, reprenez votre père,
Portez dans ma maison ce fardeau précieux,
Et ne craignez plus la misère.
Vous, mon ami, que le chagrin cruel
A plus vieilli que les années,
Calmez ce désespoir mortel;
De plus heureuses destinées
Vont enfin commencer pour vous et pour vos fils.
Ah! vivez pour jouir des bienfaits de Louis,
De ce roi si jeune et si sage,
Qui du bonheur public fait ses plus chers désirs,
Et, dans le printemps de son âge,
Cherche les malheureux, et non pas les plaisirs.
Il abolit dans ses vastes domaines
Ce triste nom de Serf détesté pour jamais :
Il veut que ses Français ne connaissent de chaînes
Que leur amour et ses bienfaits.
Il voit avec horreur la maxime cruelle
D'opprimer ses sujets pour n'en redouter rien ;
Son cœur est son conseil, et ce guide fidèle
Lui dit que l'on n'est roi que pour faire du bien.
Vos maîtres suivront ce modèle :
Ministres du Seigneur, leurs devoirs sont plus saints ;
Le premier de leurs vœux fut d'aimer les humains.
Louis le leur enseigne; et cet exemple auguste
Vous fera rentrer dans vos droits.

Tels sont les doux effets de la vertu des rois :
Nul n'ose être méchant quand le monarque est juste.
Le vieillard, consolé par ces tendres discours,
  Consentit à souffrir la vie,
  Pour voir briller ces heureux jours.
  Vain espoir ! sa triste patrie
Resta seule soumise à ce joug odieux.
Ce peuple encore esclave attend sa délivrance,
Et, sous un jeune roi bienfaiteur de la France,
  S'étonne d'être malheureux.

ENVOI

A MADAME DUVIVIER,

NIÈCE DE M. DE VOLTAIRE.

O vous, pendant trente ans la compagne et l'amie
  Du grand homme que j'ai chanté,
  Vous qui l'aimiez pour sa bonté
Tandis que l'univers l'aimait pour son génie,
Recevez ce tribut de respect, de douleur,
  Offert aux mânes de Voltaire :
  Dire que vous lui fûtes chère,
N'est-ce pas faire encor l'éloge de son cœur ?

CONTES EN VERS.

LE CHEVAL D'ESPAGNE.

A M. DE SAINT-LAMBERT.

On court bien loin pour chercher le bonheur;
A sa poursuite en vain l'on se tourmente :
C'est près de nous, dans notre propre cœur,
Que le plaça la nature prudente.
O Saint-Lambert! qui le sait mieux que toi?
Toi qui vécus dans les camps, à la ville,
Près de Voltaire, à la cour d'un grand roi,
Tu quittas tout pour un champêtre asile.
Là, méditant sous des ombrages frais,
Tu sais goûter ces biens, ces plaisirs vrais,
Que tu chantas sur le luth de Virgile :
Là, loin d'un monde ennuyeux et pervers,
Tes jours sont purs, ton sommeil est tranquille;
Et la nature, autour de toi fertile,
Te fait jouir de ses trésors divers,
Pour te payer tes soins et tes beaux vers.
    Voilà, voilà le bonheur véritable.
En attendant que j'en puisse jouir,

LE CHEVAL D'ESPAGNE.

Je veux au moins prouver dans une fable
Que ces vrais biens s'attrapent sans courir.

    Certain coursier né dans l'Andalousie,
Fut élevé chez un riche fermier;
Jamais cheval de prince et de guerrier,
Ni même ceux qui vivaient d'ambroisie,
N'eurent un sort plus fortuné, plus doux.
Tous dans la ferme aimaient notre andalous,
Tous pour le voir allaient à l'écurie
Vingt fois le jour; et ce coursier chéri
D'un vœu commun fut nommé Favori.
    Favori donc avait de la litière
Jusqu'aux jarrets, et dans son râtelier
Le meilleur foin qui fût dans le grenier.
Soir et matin les fils de la fermière,
Encore enfans, ménageaient de leur pain
Pour l'andalous; et lorsque dans leur main
Le beau cheval avait daigné le prendre,
C'étaient des cris, des transports de plaisir;
Tous lui donnaient le baiser le plus tendre:
Dans la prairie ils le menaient courir;
Et le plus grand de la petite troupe,
Aidé par tous, arrivait sur sa croupe.
Là, satisfait, et d'un air triomphant,
Des pieds, des mains, il pressait sa monture;
Et Favori modérait son allure,

CONTE.

Craignant toujours de jeter bas l'enfant.
De Favori ce fut là tout l'ouvrage
Pendant long-temps : mais quand il vint à l'âge
De trente mois, la femme du fermier
Le prit pour elle; et notre cavalière,
En un fauteuil sise sur le coursier,
La bride en main, dans l'autre la croupière,
Les pieds posés sur un même étrier,
Allait, trottait au marché faire emplette,
Chez ses voisins acquitter une dette,
Ou visiter son père déjà vieux.
A son retour, notre bonne Sanchette
Accommodait Favori de son mieux,
Et lui doublait l'avoine et les caresses.

Plus on grandit, plus on devient vaurien.
Ce Favori que l'on traitait si bien,
Ce cher objet de si douces tendresses,
Fut un ingrat; et, quand il eut quatre ans,
Il s'indigna dans le fond de son ame
D'être toujours monté par une femme :
Est-ce donc là, disait-il dans ses dents,
Le noble emploi d'un coursier d'Ibérie?
Avec des bœufs j'habite l'écurie
D'une fermière, et frémis de courroux
Quand on me voit, comme un ânon docile,
Au petit trot cheminer vers la ville,
Ayant pour charge une femme et des choux.

Non, je ne puis souffrir cette infamie;
Je suis né fier ; et, dussé-je périr,
Je prétends bien dans peu m'en affranchir.
Orgueil! orgueil! c'est par toi qu'on oublie
Vertus, devoirs ; par toi tout a péri :
Tu perdis l'homme, et perdis Favori.

Un beau matin que la bonne Sanchette,
Selon l'usage, allait toute seulette
Vendre au marché les fruits de son jardin,
Elle eut besoin, je ne sais pourquoi faire,
De s'arrêter un moment en chemin.
D'un saut léger elle est bientôt à terre ;
Mais le bridon échappe de sa main ;
Et Favori s'en aperçoit à peine,
Qu'au même instant, s'élançant dans la plaine,
Il casse bride, et disperse dans l'air
Et charge et selle, et harnois et croupière,
Des quatre pieds fait voler la poussière,
Et disparaît aussi prompt que l'éclair.

Las! que devint notre bonne Sanchette!
Dans sa surprise elle resta muette,
Suivit long-temps des yeux le beau coursier,
Et puis pleura, puis retourna chez elle,
Et raconta cette affreuse nouvelle.
Tout fut en deuil chez le triste fermier :
De Favori tous regrettent la perte ;
Enfans, valets, vont à la découverte

CONTE.

Dans les hameaux, dans chaque bourg voisin :
L'avez-vous vu des coursiers le modèle,
Le plus aimé, le plus beau ? C'est en vain,
De Favori nul ne sait de nouvelle ;
Il est perdu, Sanchette soupira,
Et dit tout bas : Peut-être il reviendra.

En attendant, Favori ventre à terre
Galope et fuit sans perdre un seul moment.
Il aperçoit bientôt un régiment
De cavaliers qui marchait à la guerre ;
Hommes, chevaux, par leur air belliqueux,
Par leur fierté, leur armure brillante,
Dans tous les cœurs répandent l'épouvante
Ou le désir de combattre auprès d'eux.
A cet aspect notre coursier s'arrête ;
Il sent dresser tous ses crins ondoyans,
Et, l'œil en feu, les naseaux tous fumans,
Fixe, immobile, écoute la trompette :
Puis tout à coup, frappant la terre et l'air,
Il bondit, vole à travers la prairie,
Arrive auprès de la cavalerie,
S'ébroue, hennit, et, jetant un œil fier
Sur ces guerriers, enfans de la victoire,
Il semble dire : Et j'aime aussi la gloire.

Le colonel, qui voit ce beau coursier,
Veut s'en saisir ; il vient avec adresse
Auprès de lui, le flatte, le caresse,

6.

Et par un frein en fait son prisonnier.
A l'instant même une peau de panthère
Aux griffes d'or tombantes jusqu'à terre
Couvre le dos du superbe animal ;
Un plumet rouge orne sa tête altière,
Et cent rubans tressés dans sa crinière
Lui donnent l'air coquet et martial.
Sur Favori le colonel s'élance,
Presse les flancs du coursier généreux ;
Et Favori, dans son impatience,
Mordant son frein, fier du poids glorieux,
Vole à travers les escadrons poudreux.

Voilà, voilà, disait-il en lui-même,
Le noble emploi pour lequel je suis né !
Vivre en repos, c'est vivre infortuné ;
Gloire et périls sont le bonheur suprême.
Sous ce harnais que je dois être beau !
Je voudrais bien, dans le cristal de l'eau,
Me voir passer, voir ma mine guerrière.
Pour être heureux, ma foi, vive la guerre !
Comme il parlait, le chef du régiment
Reçoit l'avis qu'une troupe ennemie
Doit dans la nuit l'attaquer brusquement.
Tout aussitôt une garde choisie
Est disposée autour du logement :
Le colonel la commande lui-même ;
Et Favori, dont la joie est extrême

De voir qu'on est menacé d'un danger,
Passe la nuit sans dormir ni manger.
Qu'importe? il est soutenu par le zèle.
Point d'ennemis, voilà son seul chagrin.
Mais tout à coup arrive le matin
Un officier qui porte la nouvelle
Que la bataille est pour le lendemain.
Le colonel veut être de la fête.
L'armée est loin; mais jamais rien n'arrête
Lorsque la gloire est au bout du chemin :
On part, on veut arriver pour l'aurore.
Toujours à jeun, Favori néanmoins
Ne se plaint pas, mais il saute un peu moins.
Le jour se passe, il faut marcher encore
Toute la nuit; et Favori rendu
Fait un soupir; mais l'amour de la gloire,
Et le désir de vivre dans l'histoire,
Et l'éperon, réveillent sa vertu.
Il marche, il va, se soutenant à peine,
Quand, vers minuit, d'une forêt prochaine,
Un gros parti fond sur le régiment.
On veut se battre : hélas! c'est vainement;
Nos cavaliers, harassés de la route,
Sont enfoncés, tués, mis en déroute;
Et, dans le choc, Favori tout sanglant,
Couvert de coups, deux balles dans le flanc,
Parmi les morts resté sur la poussière,

LE CHEVAL D'ESPAGNE.

Ne voyait plus qu'un reste de lumière :
Ah ! disait-il, je le mérite bien ;
J'ai fait un crime, il faut que je l'expie :
Je fus ingrat, il m'en coûte la vie,
C'était trop juste : et ce n'est pas le bien
Que Favori dans ce moment regrette ;
Ce n'est que vous, ô ma chère Sanchette !
Disant ces mots il perd tout sentiment ;
Et l'ennemi, vainqueur dans ce moment,
Bien résolu de n'épargner personne,
Le glaive au poing poursuivant les fuyards,
Pille, massacre, et bientôt abandonne
Ce champ couvert de cadavres épars.
 Le lendemain de cet affreux carnage,
Certain meunier, dans la plaine passant,
Vit Favori sur la terre gisant ;
Il respirait : le meunier le soulage,
Clopin, clopant, le mène à son village,
Prend soin de lui, le panse, le nourrit,
Pour abréger, en un mot, le guérit.
Mais, prétendant se payer de sa peine,
Il veut user de son convalescent ;
Chargé de sacs, sous le poids gémissant,
Dix fois le jour il le mène et ramène
Dans les marchés, au village, au moulin,
Le suit de près un bâton à la main ;
Et ce bâton, fait d'une double épine,

CONTE.

De Favori vient chatouiller l'échine,
Pour peu qu'il bronche, ou s'amuse en chemin.
   Ce fut alors qu'il regretta Sanchette.
Mais la frayeur rend sa douleur muette ;
Brisé de coups il n'ose pas gémir :
L'excès des maux l'abrutit et l'accable ;
Et, se croyant pour toujours misérable,
Il ne demande au ciel que de mourir.
   Notre coursier, dégoûté de la vie,
Vivait toujours, sans trop savoir pourquoi ;
Quand un matin un écuyer du roi,
Qui parcourait toute l'Andalousie
Pour remonter la royale écurie,
Vit Favori de plusieurs sacs chargé,
Par le bâton au moulin dirigé,
Et conservant sous ce triste équipage
Ce coup-d'œil noble et cet air de grandeur
D'un roi vaincu cédant à son malheur,
Ou d'un héros réduit en esclavage.
Bon connaisseur était cet écuyer ;
De Favori s'approchant davantage,
Il l'examine, et demande au meunier
Combien il veut de ce jeune coursier :
L'accord se fait ; aussitôt on délivre
De son fardeau notre bel animal ;
Son nouveau maître à l'instant s'en fait suivre,
Et le conduit vers le palais royal.

Oh! pour le coup, se disait à lui-même
Notre héros, la fortune est pour moi :
Plus de chagrin, je suis cheval du roi.
Cheval du roi, c'est le bonheur suprême :
Je n'aurai plus qu'à manger et dormir,
De temps en temps à la chasse courir,
Sans me lasser, et, gras comme un chanoine,
A mon retour choisir l'orge ou l'avoine
Que mes valets viendront vanner, je croi,
Avec grand soin pour le cheval du roi.
　Ainsi parlant, il entre à l'écurie.
Tout lui promet le bonheur qu'il attend :
De peur du froid sur son corps l'on étend
Un drap marqué des armes d'Ibérie;
On le caresse, et sa crèche est remplie
D'orge et de son; il est pansé, lavé,
Deux fois le jour; le soir, sur le pavé
Litière fraîche; et cette douce vie
Lui rend bientôt son éclat, sa beauté,
Son poil luisant, sa croupe rebondie,
Et son œil vif, et même sa gaieté.
　Il fut heureux pendant une quinzaine.
Il possédait tous les biens à souhait;
Mais un seul point lui faisait de la peine,
C'est que le roi jamais ne le montait.
Nul écuyer n'aurait eu cette audace;
Et leur respect pour monsieur Favori

Fait qu'avec soin il est choyé, nourri,
Mais que toujours il reste en même place.
Tant de respect lui devient ennuyeux;
Ce long repos, à sa santé contraire,
Le rend malade, et triste et soucieux,
En peu de temps change son caractère :
Ce qu'il aimait lui devient odieux;
Plus d'appétit, rien qui puisse lui plaire;
Un froid dégoût s'empare de son cœur;
Plus de désir, partant plus de bonheur.
Ah! disait-il, que tout ceci m'éclaire!
Gloire, grandeur, vous qui m'avez séduit,
Nous n'êtes rien qu'une erreur mensongère,
Un feu follet qui brille et qui s'enfuit :
Si le bonheur habite sur la terre,
Il vous évite autant que la misère;
Il va cherchant la médiocrité,
C'est là qu'il loge; et sa sœur et son frère
Sont le travail et la douce gaieté.
Ils sont chez vous, ô ma bonne Sanchette!
Plus que jamais Favori vous regrette.

Notre cheval ainsi philosophant
Est fort surpris de voir qu'on lui prépare
Selle et bridon du travail le plus rare :
Le fils du roi, le jeune et noble infant,
Ce même jour doit faire son entrée;
Et Favori, qui sera son coursier,

LE CHEVAL D'ESPAGNE.

Porte un harnais digne du cavalier.
D'or et d'azur sa housse est diaprée,
De beaux saphirs sa bride est entourée,
Et d'argent pur est fait chaque étrier.
   Notre héros, dans ce bel équipage,
De tant d'honneurs n'a pas l'esprit tourné :
Il commençait à devenir fort sage.
   L'infant sur lui doucement promené,
Suivi des siens, entouré de la foule,
Vers son palais à grand'peine s'écoule,
Quand Favori, qui ne songeait à rien,
Voit une femme, et tout à coup s'arrête,
Dresse l'oreille en relevant la tête,
Et reconnaît.... vous le devinez bien ?...
Qui donc?... Sanchette.... O moment plein de charmes!
Il court vers elle ; il hennit de plaisir ;
De ses deux yeux tombent de grosses larmes,
Larmes d'amour et de vrai repentir.
Tout comme lui la sensible Sanchette
Pleure de joie ; et notre jeune infant,
Surpris, touché, veut qu'au même moment
De Favori l'histoire lui soit faite.
Sanchette alors raconte en peu de mots
Que Favori fut élevé chez elle ;
Puis elle dit, non sans quelques sanglots,
Quand et comment il devint infidèle.
De ce récit le prince est attendri :

CONTE.

Tenez, dit-il, je vous rends Favori,
Il est à vous avec son équipage;
Montez dessus, retournez au village:
A pied j'irai jusqu'au palais royal,
Sans que ma fête en soit moins honorée;
Car j'ai bien mieux signalé mon entrée
Par un bienfait que par un beau cheval.
Il dit, descend, et ne veut rien entendre.
Sanchette alors monta, sans plus attendre,
Sur Favori, qui, content désormais,
Gagna la ferme, et n'en sortit jamais.

LE TOURTEREAU.

CONTE.

Lorsque j'ai dit que le bonheur suprême
Est d'habiter un champêtre séjour,
D'y vivre en sage, en paix avec soi-même,
C'est à dessein que j'oubliai l'amour.
L'amour lui seul peut charmer notre vie,
Ou la flétrir : triste choix ! j'en conviens;
Des maux qu'il fait ma mémoire est remplie,
De ses plaisirs fort peu je me souviens.
Je vous connais, mesdames les coquettes,

LE TOURTEREAU.

Et je me tiens loin des lieux où vous êtes;
Et vous aussi, dont l'ingénuité
Trompe si bien notre crédulité;
Et vous surtout, prudes, graves, austères,
Dont la constance et les tendres colères
Tourmentent plus que l'infidélité :
Je vous connais, et, sans fiel, sans satire,
Sous d'autres noms je veux ici traduire
Vos grands secrets que j'ai su pénétrer,
Vos mauvais tours qui m'ont tant fait pleurer,
Et dont je veux faire un conte pour rire.

Un tourtereau, qui du nid paternel
Faisait encor sa retraite chérie,
Se vit ravir par un milan cruel
Les deux auteurs de sa naissante vie.
Seul, sans parens, à quel triste destin
Le pauvre oiseau ne doit-il pas s'attendre!
On ne sent pas dans un âge si tendre
Tout le malheur de rester orphelin.
Après deux jours, pressé par la famine,
Il sort du nid. D'abord c'est en tremblant
Qu'il met un pied sur la branche voisine;
La branche plie, et l'oiseau chancelant
Perd l'équilibre, et, tombant et volant,
Arrive à terre et tristement chemine.
A chaque oiseau qui passe auprès de lui

CONTE.

Notre orphelin croit voir des tourterelles,
Leur tend le bec en agitant ses ailes,
Et, par ses cris implorant leur appui,
Il leur disait : Soulagez ma misère;
C'est moi, c'est moi ; n'êtes-vous pas ma mère?
  Chez les oiseaux, hélas! comme chez nous,
Chacun pour soi : c'est la grande science.
Notre orphelin en fait l'expérience.
Nul ne répond à ses accens si doux :
Il reste seul; mais, grace à la nature,
Il sut trouver lui-même sa pâture,
Il apprit l'art de supporter ses maux :
C'est le malheur qui forme les héros.
  L'été s'écoule, et déjà la verdure
Jaunit et meurt; l'hiver se fait sentir.
Le tourtereau souffrit de la froidure,
Car ici-bas nous sommes pour souffrir :
Mais tous les maux qu'en un mois l'on endure
Sont effacés par un jour de plaisir;
Et l'important c'est de ne pas mourir.
Le jeune oiseau voit le printemps renaître,
L'air s'épurer, les fleurs s'épanouir :
Autour de lui tout prend un nouvel être;
Les rossignols, les oiseaux d'alentour,
Font retentir l'écho de leur ramage;
Et les ramiers agitent le feuillage.
Témoin discret des plaisirs de l'amour,

LE TOURTEREAU.

Le tourtereau regarde, observe, admire ;
Il s'inquiète, il sent un vide affreux :
Eh quoi ! dit-il, je me croyais heureux,
Et malgré moi cependant je soupire !
Ah ! ces oiseaux sont plus heureux que moi :
Le tendre hymen les retient sous sa loi ;
Ils ont chacun leur épouse chérie :
Je suis tout seul, c'est pourquoi je m'ennuie.
Mais dès demain je vais faire comme eux,
Je vais chercher et trouver une amie,
Car on n'est bien qu'en étant deux à deux.

Plein du projet de séduire une belle,
Il va lissant les plumes de son aile,
Dans les ruisseaux on le voit se mirant,
Se rengorger, et tout bas admirant
Son bec de pourpre et son joli corsage,
Et son collier dont l'ébène foncé
Tranche si bien sur son cou nuancé,
Et son œil vif, tendre à la fois et sage :
Tout lui promet un triomphe éclatant.
Certain de plaire, il part au même instant.
Ainsi partit de la rive troyenne
Le beau Pâris allant séduire Hélène.

Notre héros a bientôt mis à fin
Son grand projet. Non loin de sa retraite
Il aperçoit une jeune alouette,
Belle, brillante, à l'œil vif, à l'air fin,

CONTE.

Qui dans un pré courait dessus l'herbette
Sans que ses pieds fissent plier le brin.
A l'aborder aussitôt il s'apprête,
Et par ces mots ouvre le tête-à-tête :
Gentil objet, je suis un étranger
Qui, jugeant bien qu'il nous est nécessaire
Pour être heureux et d'aimer et de plaire,
Dans ce dessein s'est mis à voyager.
Je sens qu'aimer est bien en ma puissance,
Je l'ai senti d'abord en vous voyant :
Plaire est un point qui de moi ne dépend,
Je n'en demande, hélas! que l'espérance.
Lors il se tait. A ce doux compliment,
Les yeux baissés, répondit l'alouette,
Sans se fâcher, et presque tendrement,
Comme répond une habile coquette
Qui, sans l'aimer, veut garder un amant.
Notre héros est admis à sa suite :
Mais tout à coup l'alouette dans l'air
S'élève, plane, et puis, comme un éclair,
Va, vient, descend, monte, se précipite.
Le tourtereau veut la suivre, il la perd ;
Il la retrouve, et la reperd encore :
Ah! par pitié, dit-il en haletant,
Arrêtez-vous, cher objet que j'adore,
Je n'en puis plus; ce n'est pas en courant
Qu'on fait l'amour : je ne m'y connais guère,

LE TOURTEREAU.

Mais le bonheur et le tendre mystère
Ne doivent pas nous quitter d'un moment ;
Et le bonheur va toujours doucement.

Cela se peut, lui répond l'alouette,
Mais nous avons chacun notre plaisir ;
Me regarder, chanter, plaire et courir,
Tel est l'emploi pour lequel je suis faite :
Je le remplis, et c'est là mon bonheur.
Elle parlait, quand aux yeux de la belle
Brille un miroir qu'un perfide oiseleur
Faisait tourner au bout d'une ficelle.
Pour s'y mirer l'alouette descend.
Le tourtereau tout effrayé lui crie
De prendre garde au filet qui l'attend :
Mais c'est en vain, et, dans le même instant,
Le filet part, et prend notre étourdie.

Son tendre amant venait la secourir ;
Il évita la machine mortelle,
Non sans laisser des plumes de son aile ;
Et, ne pouvant que la plaindre et s'enfuir,
Sur une branche il alla réfléchir.

Me voilà veuf avant d'être en ménage !
Se disait-il ; je serais bien peu sage
De retourner encore m'essouffler
En poursuivant les folles alouettes.
Pour vivre heureux, vivons loin des coquettes ;
Ces oiseaux-là ne savent que voler.

CONTE.

Je veux chercher une épouse solide,
Point trop jolie, et partant moins perfide,
Qui ne saura rien que me rendre heureux.
L'esprit est bon ; mais le repos vaut mieux.

    Il dit, et part. A ses yeux se présente
Dans un blé vert une caille pesante
Que l'embonpoint fait marcher lentement.
Son air naïf et sa mine innocente
Charment l'oiseau qui descend promptement,
S'abat près d'elle, et fait son compliment.

    Ah ! vous m'aimez ? vraiment j'en suis ravie,
Lui dit la caille ; eh bien ! restez ici,
Nous passerons ensemble notre vie,
Tous deux contens, car je vous aime aussi.
Disant ces mots, elle en donne la preuve.
Quel naturel ! s'écriait notre oiseau ;
Comme elle est simple ! et que mon sort est beau
De posséder cette ame toute neuve !
A ce propos la caille n'entend rien,
Lui répond mal, mais le caresse bien ;
Et son époux n'en veut pas davantage.

    La paix, l'amour régnaient dans le ménage,
Quand vers le soir notre heureux tourtereau
Voit arriver d'abord un cailleteau,
Puis deux, puis trois, et puis un roi de cailles.
D'un air surpris il les regarde tous,
Court à sa femme, et lui dit d'un ton doux :

LE TOURTEREAU.

Ces messieurs-là sont à nos fiançailles
Comme parens? — Non, ce sont mes époux. —
Comment! — Sans doute. — Ils sont sept! — Le huitième
Ce sera vous, s'il vous plaît, désormais :
Tous sont heureux, tous sont traités de même;
Par ce moyen je les maintiens en paix :
C'est fatigant, mais je me sacrifie.
— Et moi je pars, et je reprends ma foi ;
Tout votre bien n'était pas trop pour moi ;
Je n'en veux point la huitième partie.
Lors il s'envole, et plein de son dépit,
Au fond d'un bois il va passer la nuit.

On dort bien mal quand on est en colère.
Le tourtereau s'éveille avant le jour :
Je fus, dit-il, malheureux en amour ;
Mais c'est ma faute, et je prétends mieux faire
Dorénavant; je veux voir, réfléchir,
Examiner avant que de choisir,
Et m'assurer surtout avec adresse
Des bonnes mœurs de ma chère maîtresse.
Si l'on m'attrape il faudra qu'on soit fin.

Bien résolu de suivre ce dessein,
En philosophe il parcourt le bocage,
Se livre peu, mais, toujours écoutant,
Fait son profit de tout ce qu'il entend.
Bientôt il sait que dans le voisinage
Est une prude encor dans le bel âge,

Et possédant honnêtement d'appas ;
Elle passait pour être un peu revêche :
C'était tout simple, elle était pigrièche.
Le tourtereau ne s'en alarme pas :
Il va la voir. La première visite
Fut un peu froide, ensuite on s'adoucit,
Puis on s'aima, bientôt on se le dit :
Plus tôt qu'une autre une prude est séduite.
 La pigrièche adore son amant ;
Aucun rival ne partage sa flamme,
Il règne seul. Mais la jalouse dame
De son époux fait bientôt le tourment.
Elle l'accuse, elle gronde sans cesse,
Le suit, l'épie, et, toujours en fureur,
A coups de bec lui marquant sa tendresse,
Elle le bat pour s'attacher son cœur :
Puis elle pleure, et veut qu'il rende hommage
Exactement à ses tendres appas,
Disant toujours qu'elle fait peu de cas
De ces plaisirs, mais qu'il faut en ménage,
Par ce moyen honnête autant que doux,
Tous les matins s'assurer son époux,
Et le forcer à n'être point volage.
 Le tourtereau, lassé de l'esclavage,
Battu, plumé, maigre à faire pitié,
Saisit l'instant où sa chère moitié
A ses côtés dort la tête sous l'aile :

LE TOURTEREAU.

A petit bruit il se lève en tremblant,
Sort de son nid, et va toujours volant
Sans autre but que de s'éloigner d'elle.
En peu de temps il fit bien du chemin;
Il voulait fuir jusqu'au bout de la terre.
Dans un désert s'abattant à la fin,
Il se cacha sous un roc solitaire.
Me voilà bien, dit-il, je n'en sors plus;
Ici du moins la caille et l'alouette
N'approcheront jamais de ma retraite,
Je serai loin de la dame aux vertus ;
Je vivrai seul, puisqu'il est impossible
De rencontrer une épouse sensible,
Douce, modeste, et dont on soit aimé
Sans compagnon, ou sans être assommé :
Je méritais une telle maîtresse;
Jusqu'au tombeau j'aurais su la chérir :
Un tourtereau qui donne sa tendresse
Ne change plus, il aime mieux mourir ;
Mais il n'est point d'oiseau de mon espèce.

Vous vous trompez, lui répond doucement
Une gentille et blanche tourterelle;
Tout comme vous je suis tendre et fidèle.
Peut-être aussi mérité-je un amant :
Je n'en ai point, tenons-nous compagnie.

L'oiseau l'observe, et, la trouvant jolie,
Il s'en approche, il parle ; on lui répond :

CONTE.

La tourterelle a son esprit, son ton,
Son humeur douce et sa grace ingénue.
Ils étaient nés pour se plaire tous deux;
La sympathie agit bientôt sur eux.
Déjà chacun sent dans son ame émue
Un feu secret; et, dès ce même jour,
Le tendre hymen vint couronner l'amour.
Cette union dura toute leur vie :
Toujours s'aimant avec la même ardeur,
Rien n'altéra leur paisible bonheur;
Et notre oiseau, près de sa bonne amie,
Convint enfin qu'on peut trouver un cœur.

LA POULE DE CAUX.

CONTE.

Plusieurs Français ont la triste manie
D'aller toujours rabaissant leur patrie,
Pour exalter les coutumes, les mœurs
D'autres pays qui ne sont pas meilleurs.
Je l'avouerai, cette extrême injustice
Plus d'une fois excita mon courroux :
Non que mon cœur, par un autre caprice,
N'ait d'amitié, d'estime que pour nous.
Loin, loin de moi ces préjugés vulgaires,

Source de haine et de divisions!
En tout pays tous les bons cœurs sont frères.
Mais, sans haïr les autres nations,
On peut aimer et respecter la sienne;
On peut penser qu'aux rives de la Seine
Il est autant de vertus et d'honneur,
D'esprit, de grace, et même de bonheur,
Que sur les bords de la froide Tamise,
De l'Éridan, ou du Tage, ou du Rhin.
Vous le prouver, voilà mon entreprise.
Chemin faisant, si quelque trait malin
Vient par hasard égayer ma franchise,
Italien, Ibère, Anglais, Germain,
Que d'entre vous nul ne se formalise;
De vous fâcher je n'ai pas le dessein.

Près Caudebec, dans l'antique Neustrie,
Pays connu dans tous nos tribunaux,
Certaine poule avec soin fut nourrie.
C'était l'honneur des volailles de Caux.
Imaginez un plumage d'ébène
Parsemé d'or, une huppe d'argent,
La crête double et d'un rouge éclatant,
L'œil vif, l'air fier, la démarche hautaine:
Voilà ma poule. Ajoutez-y pourtant
Un cœur sensible et d'amitié capable,
De la douceur, surtout de la bonté,

CONTE.

Asséz d'esprit pour savoir être aimable,
Et pas assez pour être insupportable.
Son seul défaut, c'était la vanité :
Las! sur ce point qui de nous n'est coupable?
   Ma poule, à peine au printemps de ses jours,
Des coqs voisins tournait toutes les têtes :
Mais, dédaignant ces faciles conquêtes,
Elle voulait se soustraire aux amours.
C'est bien en vain qu'attroupés autour d'elle,
Les tendres coqs, dans leurs désirs pressans,
Le cou gonflé, sur leurs pieds se haussans,
Vont balayant la terre de leur aile :
Froide au milieu de ces nombreux amans,
Ma belle poule écoute leur prière
D'un air distrait, murmure un dur refus,
S'éloigne d'eux; et lorsqu'un téméraire
Ose la suivre, ou veut hasarder plus,
D'un coup de bec lui marquant sa colère,
Dans le respect elle le fait rentrer.
Ainsi jadis cette reine d'Ithaque,
Que sa sagesse a tant fait admirer,
Des poursuivans sut éviter l'attaque.
   L'orgueil toujours nous conduit de travers;
Il n'est pas gai, de plus, et nous ennuie :
Des passions la plus triste en la vie
C'est de n'aimer que soi dans l'univers.
Bien l'éprouva notre Normande altière :

LA POULE DE CAUX.

Elle tomba bientôt dans la langueur;
Elle sentit le vide de son cœur,
Et soupira. Mais, hélas! comment faire?
Se corriger? se montrer moins sévère?
Des jeunes coqs ce serait bien l'avis:
Mais que diraient les poules du pays?
On connaît trop leur caquet et leur haine.

Notre héroïne était donc fort en peine,
Lorsqu'un Anglais, qui toujours voyageait
Pour éviter l'ennui qui le suivait,
En reprenant le chemin d'Angleterre,
Vit notre poule et l'acheta fort cher,
Avec grand soin lui fit passer la mer,
Et l'établit dans sa nouvelle terre,
Au nord de Londres, auprès de Northampton.

Notre Cauchoise, à peine en Albion,
Se dit : Voici le moment favorable
Pour me montrer moins fière et plus traitable,
Pour radoucir ma morale et mon ton.
Jusqu'à présent je fus beaucoup trop sage;
C'est une erreur pardonnable à mon âge :
Corrigeons-nous. Je veux, dans ce canton,
Prendre un époux jeune, aimable et sincère :
Pour être heureuse il faut que je sois mère;
Au fond du cœur certain je ne sais quoi
M'a toujours dit que c'était mon emploi.

Parlant ainsi, notre belle héroïne

CONTE.

Voit arriver plusieurs coqs du pays :
Ils sont tous grands, beaux, fiers; mais à leur mine
On peut juger de leur profond mépris
Pour tout poulet qui n'est pas d'Angleterre.
D'un air hautain ils tournent à l'entour
De la Française; et, sans autre mystère,
Le plus joli lui parle ainsi d'amour :
Écoute, miss, tu vois en moi ton maître,
Mais tu me plais : je suis sultan ici,
Et je veux bien dans mon sérail t'admettre;
Viens donc m'aimer, je te l'ordonne ainsi.

   A ce propos de gentille fleurette,
Notre Cauchoise, immobile et muette,
Ne sait comment répondre à tant d'honneur;
Quand un des coqs, regardant l'orateur :
Goddam! dit-il, vous avez bonne grace !
Vous, maître ici! vous, sultan ! ces deux mots
Dans notre langue eurent-ils jamais place?
Nous sommes tous Anglais, libres, égaux.
Et de quel droit vous seul feriez-vous fête
A cette poule? elle est de vos rivaux,
Comme de vous, la commune conquête.
Voici mon droit, répond le premier coq;
Et de son bec il vient frapper la crête
De l'opposant, qui, ferme comme un roc,
Soutient l'effort, sur ses ergots se dresse
En reculant, et revient en fureur,

Le cou tendu, fondre sur l'agresseur.
La troupe alors tout autour d'eux s'empresse
Et prend parti; l'on se mêle, on se bat,
On se déchire : et, pendant le combat,
Notre Française effrayée, interdite,
S'échappe et fuit à travers bois et champs,
Courant, volant, pour s'éloigner plus vite.
Ah! quel pays! dit-elle; quelles gens!
La liberté chez eux n'est que la guerre :
Jusqu'à l'amour, ils font tout en colère.
Fuyons, fuyons. Elle arrive à ces mots
A la Tamise, et découvre un navire,
Non loin du bord, qui sillonnait les flots.
Elle s'élance; et matelots de rire
En la voyant près d'eux tomber dans l'eau :
Mais aussitôt un grappin la retire,
Et la voilà saine et sauve au vaisseau.

Ce bâtiment allait droit en Espagne.
En peu de jours il relâche à Cadix;
Et notre poule aussitôt en campagne
S'échappe, et court visiter le pays.
Elle aperçoit dans les riches vallées
L'or des épis, la pourpre des raisins :
Ici l'olive et la mûre mêlées,
Là l'oranger bordant les grands chemins;
Le citronnier qui, fécond dès l'enfance,
Parfume l'air de ses douces odeurs,

CONTE.

Et, près des fruits poussant encor des fleurs,
Donne l'espoir avec la jouissance;
Et les brebis paissant sur les coteaux,
Et les coursiers se jouant près des eaux;
Partout enfin la corne d'abondance
Versant ses dons sur ces heureux climats.
Ce long détail peut-être vous ennuie :
Passez-le-moi, j'aime l'Andalousie.

    Ma poule aussi lui trouva des appas;
En admirant, elle disait tout bas :
Ce pays-ci vaut bien la Normandie;
Il me plaît fort, ne le quittons jamais.
Dans le moment elle voit à sa suite
Un jeune coq saluant ses attraits.
Ce jeune coq avait bien son mérite;
Il n'était pas beau comme un coq anglais,
Mais il avait certain air de noblesse
Fort séduisant; ajoutez-y deux yeux
Brillans d'esprit et remplis de tendresse.
A notre poule, en langage pompeux,
Très-gravement ce discours il adresse :

    Reine des coqs, ornement de ces lieux,
Soleil nouveau de notre heureuse terre,
Vous allez voir vos sujets amoureux
Quitter pour vous leur poule la plus chère.
Eh! qui pourrait, hélas! nous en blâmer?
Nos yeux ont pu s'être laissé charmer

LA POULE DE CAUX.

Pour des beautés bien au-dessous des vôtres ;
Mais si nos cœurs ont soupiré pour d'autres,
C'était afin d'apprendre à vous aimer.
   Ainsi parla le coq d'Andalousie ;
Et son discours, quoiqu'un peu recherché,
Ne déplut point : la Française attendrie
Y répondit d'un air doux et touché.
Les voilà donc marchant de compagnie,
L'amour en tiers, lorsque certaine pie,
A l'œil hagard, au manteau noir et blanc,
Vint à passer : Ah! dit le coq tremblant,
Je suis perdu, c'en est fait de ma vie !
  — Que dites-vous ? et d'où vient cet effroi ?
  — De cet oiseau. — Vous craignez une pie ?
A coups de bec je la plumerais, moi.
  — Gardez-vous-en ! — Pourquoi donc ? je vous prie.
  — Je le vois bien, vous ignorez nos maux :
Apprenez donc que ces cruels oiseaux,
Qu'on hait ici, mais pourtant qu'on caresse,
Sous les dehors d'une douceur traîtresse
S'en vont partout guettant ce que l'on dit,
Ce que l'on fait, ce qu'on a dans l'esprit ;
Puis, le tournant en cent mille manières,
En rendent compte; et d'après leurs rapports,
Tout aussitôt cuisiniers, cuisinières,
Nous font rôtir sans le moindre remords.
  — Rôtir ! — Eh oui : nous sommes sans reproche,

CONTE.

Assurément : mais je vous parlais bas,
Vous écoutiez : cela suffit, hélas!
Pour que ce soir on nous mette à la broche.
Oui ! dit la poule en gagnant le vaisseau ;
Dès ce moment je vais changer de route.
Votre pays est superbe sans doute ;
Mais il y fait pour nous un peu trop chaud.
Je vous chéris, et vous plains, je vous jure :
Vous êtes doux, spirituels, galans ;
Mais tous les dons que vous fit la nature
Deviennent nuls avec vos noirs et blancs.
Délivrez-en, croyez-moi, votre empire.
Disant ces mots, elle rentre au navire,
Qui de Livourne allait chercher le port.

    Le trajet fait, on débarque ; et d'abord
Voilà ma poule à courir sur la plage.
Elle aperçoit, assez près du rivage,
Un poulet gras, qui, d'un air doux et fin,
Tourne, salue, aborde l'étrangère,
Salue encore, et, d'un ton patelin,
Lui dit ces mots avec une voix claire :
Suave objet, si votre cœur bénin
Daigne choisir un poulet d'Italie
Pour Sigisbé de votre seigneurie,
J'ose briguer ce glorieux destin :
Je ne veux plus vivre qu'à votre suite.
Las! je connais mes imperfections ;

LA POULE DE CAUX.

Mais mon respect et mes soumissions
Remplaceront mon manque de mérite.
Il dit, et baisse, en soupirant, les yeux.
Notre Normande écoutait en silence,
Et se sentait certaine répugnance
Pour ce monsieur si gras, si mielleux,
Pour son discours, surtout pour sa voix claire.
Elle retourne aussitôt en arrière
Sans lui répondre; et, voyant près de là
Une autre poule, elle l'interrogea :
Expliquez-moi, s'il vous plaît, ma commère,
D'où peut venir ma prompte aversion
Pour ce poulet? — Hélas! d'une raison
Triste, cruelle, et pourtant à la mode
Dans ce pays, où l'on a pour méthode
De préférer une brillante voix
A d'autres dons qui ne me touchent guères,
Mais qui pourtant deviennent nécessaires
Dans certains cas. On prétend qu'autrefois
Nos coqs étaient les plus beaux de la terre,
Vifs en amour, terribles à la guerre :
Tout change, hélas! ici nous l'éprouvons
Bien plus qu'ailleurs; nos coqs sont des chapons.
Je vous plains fort, dit ma poule en colère :
J'ai parcouru déjà bien des pays;
On a pensé me battre en Angleterre,
Puis me rôtir aux rives de Cadix;

CONTE.

Mais vivre ici me parait encor pis.
   Disant ces mots, elle joint la voiture
D'un voyageur, et, je ne sais comment,
Grimpe dessus, puis la voilà courant,
Sans savoir où, pour sortir d'Italie.
   Ce voyageur était un Allemand,
Qui la conduit bientôt en Germanie,
Dans son château de Kursberchtolfgaxen,
Près de la Drave, entre Inspruck et Brixen.
   Ma poule à peine est dans cette contrée,
Que de cent coqs on la voit entourée.
Mais avant tout, de ces nouveaux amans
Elle étudie un peu le caractère :
Et sur ce point tout doit la satisfaire.
Ces bons Germains sont doux, sensibles, francs,
Aimant l'honneur, et non les complimens,
Et préférant au grand art de paraître
L'art bien plus sûr et moins facile d'être.
A se fixer parmi ces bonnes gens
Voilà ma poule enfin déterminée.
Elle choisit le plus aimable époux,
Et lui déclare, en présence de tous,
Qu'ils vont serrer les doux nœuds d'hyménée.
Ah! quel bonheur! lui répond tendrement
Le jeune coq; mais parlez franchement :
Vous savez bien que, dans cette journée,
Il faut d'abord, pour articles premiers,

Que vous puissiez fournir seize quartiers.
Seize quartiers! dit la poule étonnée.
— Oui, c'est le taux; rien de fait sans ce point.
— Expliquez-vous, je ne vous entends point :
Quartiers de quoi? — Mais vraiment, de noblesse :
Nous la cherchons bien plus que la tendresse
Dans nos hymens; et, sans cela, jamais
Nous ne pourrions faire entrer nos poulets
Dans certains lieux nommés ménageries,
Où, bien à l'aise, et sans servir à rien,
De la patrie ils vont manger le bien;
Tandis qu'ailleurs nos poulettes nourries
S'en vont jouir d'un état respecté,
Qui leur permet, pendant toute leur vie
Mêmes plaisirs et même oisiveté.

A ce discours, notre poule ébahie
Ouvre le bec, écoute, et réfléchit,
Puis tout à coup, sans se fâcher, lui dit :
Mon cher ami, je n'ai point de noblesse,
Et vos grands mots me sont peu familiers :
Mais je connais l'amour et la sagesse,
Et les préfère à vos seize quartiers.
Voilà ma dot, qui suffira, j'espère.
En attendant, je quitte cette terre,
Où je croyais trouver plus de bon sens.
Mais, je le vois, chacun a sa folie :
Et, sans juger les pays différens

Où j'ai passé, j'aime mieux ma patrie.
 Après ces mots elle part brusquement,
Pour retourner au bon pays normand.
Là, son projet était, dit-on, de faire
Un beau traité bien abstrait et bien long,
Surtout obscur, pour qu'il parût profond,
Comme on les fait, sur la cause première
Des lois, des mœurs, des droits des nations;
Semant partout force réflexions.
Un tel ouvrage aurait charmé sans doute;
Mais le renard mangea l'auteur en route.

LE CHIEN DE CHASSE.

CONTE.

Je me souviens qu'autrefois, quand j'aimais,
J'étais souvent trahi par ma maitresse :
Lors furieux, j'abjurais ma tendresse,
Je renonçais à l'amour pour jamais.
Je me disais : Quittons ce vain délire;
Que ma raison reprenne son empire;
Soyons heureux et libre désormais;
Brisons, brisons une importune chaîne
Qui m'avilit, et me lasse et me gêne;
Vivons pour nous, vivons pour les beaux-arts;

LE CHIEN DE CHASSE.

Et livrons-nous tout entier à l'étude.
Quand c'était dit, je portais mes regards
Autour de moi; tout était solitude,
Rien ne pouvait m'inspirer de désir,
Tout augmentait ma vague inquiétude :
Pour un cœur vide il n'est point de plaisir.
Bientôt quittant mes projets de sagesse,
Ayant besoin d'aimer ou de mourir,
Bien humblement aux pieds de ma maîtresse
Je revenais me faire encor trahir.

Tant de faiblesse est pour vous incroyable;
Vous en riez, vous semblez en douter :
Pour vous convaincre il faut vous raconter
D'un épagneul l'histoire véritable.

Un jeune chien, qui s'appelait Médor,
Bien reconnu pour chien de bonne race,
Marqué de feu, plein d'ardeur et d'audace,
D'un bon vieux garde était le seul trésor.
Tous les matins il le suit à la chasse;
Au bois, en plaine, également savant,
Le nez en l'air, il va prendre le vent :
Tout à la fois il court, sent et regarde,
Quête toujours sous le fusil du garde;
Et, ramenant le gibier sous ses pas,
De plus d'un lièvre il cause le trépas.
Il va suivant la caille fugitive,

CONTE.

Ou le faisan, ou la perdrix craintive
Qui trotte et fuit à travers le guéret;
Médor l'atteint, et demeure en arrêt :
La patte en l'air et l'oreille dressée,
L'œil sur sa proie, immobile, il attend
Que la perdrix, par le chasseur poussée,
Parte, s'élève, et retombe à l'instant :
Sur elle alors il court avec vitesse,
Sans la meurtrir entre ses dents la presse,
Et la rapporte à son maître en sautant.

Tant de talens rendent Médor utile :
Mais de vertus ils sont accompagnés;
Médor, aimable autant qu'il est habile,
Possède un cœur qui vaut mieux que son nez :
Il est soumis, doux, caressant, docile,
Surtout fidèle. Hélas ! au cœur du chien
Cette vertu choisit son domicile;
Au cœur de l'homme elle n'a plus d'asile,
J'en suis fâché, car nous y perdons bien.
Non-seulement Médor aime son maître,
Mais son épouse et les petits enfans,
Et les voisins, les amis, les parens.
Il se disait : Je dois bien reconnaître
Les soins de ceux qui daignent me nourrir :
Combien pour moi leurs cœurs ont de tendresse!
Si par malheur je venais à mourir,
Je suis bien sûr qu'ils mourraient de tristesse :

LE CHIEN DE CHASSE.

Aussi toujours je prétends les servir.
Du tendre chien tels étaient le langage
Et le projet. Mais dans le voisinage
Était alors un jeune grand seigneur,
Riche, brillant, déterminé chasseur,
Pour ses perdrix ruinant son village,
Laissant mourir de faim ses paysans,
Mais nourrissant dans l'hiver ses faisans,
Et se plaignant qu'aux moissons, aux semailles,
Les laboureurs venaient troubler ses cailles.
Il voit Médor, il veut l'avoir soudain :
Garde, dit-il une bourse à la main,
Ton chien me plaît, prends cet or à sa place.
— Ah! monseigneur, mon chien est trop heureux :
Ici, Médor! il a l'air tout joyeux
De tant d'honneur. Médor, l'oreille basse,
A pas comptés arrive tristement ;
Aux pieds du garde il se couche en tremblant ;
Son air soumis semble demander grace :
Mais c'est en vain. Loin de le caresser,
Le garde, au cou lui passant une chaîne,
Sans être ému, sans partager sa peine,
A coups de pied ose le repousser
Vers le seigneur, qui sur-le-champ l'emmène.
Quoi, c'est ainsi qu'il m'aimait! dit Médor;
Un seul moment suffit pour qu'il m'oublie!
Hélas! pour lui j'aurais donné ma vie;

Et cet ingrat me donne pour de l'or !
La pauvreté l'y contraignait sans doute :
Aimer un chien est un plaisir qui coûte;
Le sentiment n'est pas fait pour les gueux.
Las! je les plains, ils sont bien malheureux !
Attachons-nous à notre nouveau maître;
Le servant bien, je lui plairai peut-être;
Et mon bonheur sera sûr dans ce cas,
Car il est riche, il ne me vendra pas.

 Dès ce moment le beau chien ne respire
Que pour complaire à son nouveau seigneur.
Il y parvient : patience et douceur
Font obtenir tout ce que l'on désire.
Bientôt Médor du maître est favori,
Le suit partout, est admis à sa table :
Auprès du chien personne n'est aimable,
Autant que lui personne n'est chéri;
Et monseigneur hautement le préfère
A ses amis, à sa famille entière,
Même à sa femme; et l'on m'en croira bien :
Pour ces messieurs leur épouse n'est rien.
L'heureux Médor excite un peu l'envie :
Tel est le sort de tous les grands talens.
Dans la maison, valets et courtisans
L'abhorrent tous, et tous passent leur vie
A cajoler, à caresser Médor :
Qu'il est charmant ! il vaut son pesant d'or,

LE CHIEN DE CHASSE.

S'écriaient-ils; et puis tournant la tête,
Disaient tout bas : Oh! l'incommode bête!
Quand serons-nous délivrés de ce chien!
Un an s'écoule, et Médor, qui croit être
De plus en plus adoré de son maître,
Mange, dort, boit, et ne redoute rien.
Mais certain jour que monseigneur le mène,
Selon l'usage, à ses nobles travaux,
Soit négligence ou bien faiblesse humaine,
Le grand Médor passe sur des perdreaux
Sans les sentir. Monseigneur en colère
A coups de fouet vient corriger Médor.
Médor battu chasse plus mal encor,
Prend de l'humeur, et finit par déplaire
Complètement à son maître offensé.
Dans le moment l'arrêt est prononcé :
Chassez Médor. Aussitôt la canaille,
Avec transport, à grands coups de bâton,
Au beau Médor fait vider la maison.
Et notre chien, qui sort de la bataille
Borgne, boiteux, et le corps tout meurtri,
Commence à voir que ces grands que l'on vante
N'ont pas toujours une amitié constante,
Et quelquefois changent de favori.
Allons, dit-il, ceci me rendra sage :
Par un seigneur cruellement battu,
Et par un garde indignement vendu,

CONTE.

Je ne veux plus d'un si dur esclavage.
Je fuirai l'homme : il est dur et méchant.
Les femmes sont sans doute moins cruelles ;
Elles ont l'air aussi douces que belles :
Éprouvons-les. Il dit : dans le moment
Notre Médor voit une belle dame
Qui se promène avec son jeune amant.
Un doux espoir s'empare de son ame ;
Il s'en approche, et, d'un air suppliant,
De leurs souliers vient baiser la poussière,
Puis les regarde, et leur dit tendrement :
N'aurez-vous pas pitié de ma misère ?

 Les amoureux ont toujours le cœur bon.
Tout aussitôt cette dame attendrie
Du pauvre chien se déclare l'amie,
Et sur-le-champ le mène à sa maison.
Le bon Médor lui marque sa tendresse
Par plus d'un saut, par plus d'une caresse ;
Et, rencontrant en chemin le mari,
Il aboya, soit hasard, soit adresse.
Ce dernier trait enchanta sa maîtresse ;
Et dès ce jour Médor fut favori.

 Voilà Médor menant joyeuse vie ;
Et, plus heureux que chez le grand seigneur,
Il suit partout sa maîtresse chérie,
Le jour, la nuit, vigilant défenseur,
Couche auprès d'elle ; et, sûr d'avoir son cœur,

Il ne craint plus ni le sort ni l'envie.
Tout allait bien. Une nuit, par malheur,
L'amant pour qui cette dame soupire,
Sans doute ayant quelque chose à lui dire
De très-secret, se lève doucement;
Et, vers minuit, tandis que tout repose,
Dessus l'orteil marchant légèrement,
Il va gratter à la porte mal close
De la beauté qui ne dort pas encor.
Au premier bruit le vigilant Médor
S'élance, jappe, et ses cris effroyables
Font que les gens se pressent d'accourir :
Notre amoureux n'a que le temps de fuir,
Donnant tout bas le chien à tous les diables,
Et jurant bien qu'il en serait vengé.
La dame aussi le jurait dans son ame :
Et, le matin, la charitable dame
Vient annoncer que Médor enragé
Depuis trois jours n'a ni bu ni mangé;
Qu'à la douleur son ame était en proie,
Mais que pourtant, songeant au commun bien,
Et par raison sacrifiant son chien,
Elle consent aussitôt qu'on le noie.
Dans le moment, bâtons, broches, épieux,
Sont préparés au chien qu'on abandonne.
Médor le voit, Médor quitte ces lieux,
Et fuit la mort qui de près le talonne.

CONTE.

Il court bien loin, et dans d'épais taillis
Va se cacher loin de ses ennemis.

    Allons, dit-il, pour peu que ceci dure,
Tous mes chagrins seront bientôt finis :
Jusqu'à présent tout va de mal en pis ;
La mort bientôt doit faire la clôture.
Mais je mourrai libre, ou je ne pourrai.
Je ne veux plus voir ni servir personne :
A mes besoins tout seul je pourvoirai ;
J'irai, viendrai, resterai, chasserai,
Sans qu'un tyran à son gré me l'ordonne :
De tout péril je serai dégagé,
Et n'aurai plus à craindre qu'une belle
Dise partout que je suis enragé,
Lorsque je suis courageux et fidèle.
C'est décidé, je veux vivre pour moi.

    Il le croyait ; mais cette triste vie
En peu de temps le fatigue et l'ennuie :
Vivre en autrui, c'est la première loi
Des malheureux capables de tendresse.

    Médor bientôt, accablé de tristesse,
Songe au passé, regrette jusqu'aux coups
Que lui donnaient son maître et sa maîtresse :
Il sent contre eux expirer son courroux,
Et va chercher jusque dans son village
Son premier garde, avec lui se rengage
Dans ses premiers, dans ses plus chers liens,

Et, tout honteux devant les autres chiens,
Il leur disait : J'ai tort, je le confesse ;
Mais vous voyez jusqu'où va ma faiblesse
Pour ces humains qui ne nous valent pas.
Accordez-moi le pardon que j'implore,
Il est affreux de chérir des ingrats ;
Mais n'aimer rien est cent fois pis encore.

A UN AMANDIER.

TRADUIT DE L'ESPAGNOL.

Le triste hiver durait encore,
A peine un timide zéphyr
Des beaux jours si lents à venir
Nous annonçait de loin l'aurore ;

Quand je t'ai vu, pâle amandier,
Déployant ta douce verdure,
Solliciter de la nature
L'honneur de fleurir le premier.

Tu fleuris : rien n'osait éclore ;
Levant seul un front couronné,
Tu te crus le plus fortuné
Des fils de Pomone et de Flore.

A UN AMANDIER.

Pauvre amandier, ta vaine erreur
Ne fut pas de longue durée ;
Hélas ! un souffle de Borée
Emporta tes fruits et ta fleur.

Comme toi, ma folle imprudence
A trahi mes plus tendres vœux :
Trop tôt je voulus être heureux,
Et perdis pour toujours Hortense.

EPISODIO
DE IGNEZ DE CASTRO,

NO POEMA

OS LUSIADAS DE CAMOENS.

CANTO III. oit. 118.

Passada esta tão prospera victoria,
Tornado Afonso á Lusitana terra,
A se lograr da paz com tanta gloria,
Quanta soube ganhar na dura guerra:
Oh caso triste, e digno da memoria,
Que do sepulchro os homens desenterra!
Aconteceo da misera, e mesquinha,
Que despois de ser morta foi rainha.

Tu só, tu, puro Amor, com força crua
Que os corações humanos tanto obriga,
Déste causa á molesta morte sua,
Como se fora perfida inimiga:
Se dizem, fero Amor, que a sede tua
Nem com lagrimas tristes se mitiga,
He porque queres, aspero e tyrano,
Tuas aras banhar em sangue humano.

ÉPISODE

ÉPISODE
D'INEZ DE CASTRO,

TRADUIT

DE LA LUSIADE DE CAMOENS.

CHANT III. OCt. 118.

———

Vainqueur du Maure, au comble de la gloire,
L'heureux Alphonse, après tant de combats,
Croyait goûter au sein de ses États
La douce paix que donne la victoire :
O vain espoir, d'Inez le triste sort
D'un si beau règne a terni la mémoire ;
En traits de sang on lit dans notre histoire
Qu'Inez obtint le trône après sa mort.

Cruel Amour, toi seul commis le crime.
La tendre Inez ne vivait que pour toi :
Jamais un cœur ne suivit mieux ta loi ;
Et tu la fis expirer ta victime !
Ainsi les pleurs des malheureux mortels
Pour toi, tyran, n'ont pas assez de charmes :
Tu veux encor, non content de leurs larmes,
Avec leur sang arroser tes autels.

IGNEZ DE CASTRO.

Estavas, linda Ignez, posta em socego,
De teus annos colhendo doce fruto,
Naquelle engano da alma, ledo e cego,
Que a fortuna não deixa durar muito;
Nos saudosos campos do Mondego,
De teus formosos olhos nunca enxuto,
Aos montes ensinando, e ás hervinhas,
O nome, que no peito escripto tinhas.

Do teu principe alli te respondiam
As lembranças que na alma lhe moravam;
Que sempre ante seus olhos te traziam,
Quando dos teus formosos se apartavam;
De noite em doces sonhos, que mentiam,
De dia, em pensamentos que voavam;
E quanto em fin cuidava, e quanto via,
Eram tudo memorias de alegria.

De outras bellas senhoras, e princezas,
Os desejados thalamos engeita:
Que tudo emfin, tu puro Amor, desprezas,
Quando hum gesto suave te sujeita.
Vendo estas namoradas estranhezas
O velho pai sesudo, que respeita
O murmurar do povo, e a phantasia
Do filho que casar-se não queria:

Tirar Ignez ao mundo determina,

INEZ DE CASTRO.

Le front paré des roses du bel âge,
Charmante Inez, dans une douce erreur,
Tu jouissais de ce calme trompeur,
Toujours, hélas! si voisin de l'orage.
Du Mondégo, témoin de ton ardeur,
Tu parcourais les campagnes fleuries,
En répétant aux nymphes attendries
Le nom qu'Amour a gravé dans ton cœur.

Un doux lien à ton prince t'engage;
Le jeune Pèdre est digne de tes feux :
Un seul moment s'il est loin de tes yeux,
Tout vient aux siens présenter ton image :
Pendant la nuit, en songe il est heureux,
Pendant le jour il cherche ta présence :
Ce qu'il entend, ce qu'il voit, ce qu'il pense,
Tout est Inez pour son cœur amoureux.

A ses sermens Pèdre toujours fidèle
A dédaigné les filles de vingt rois.
O dieu d'amour! quand on vit sous tes lois,
Dans l'univers il n'est plus qu'une belle.
De ses refus son vieux père irrité
Apprend bientôt que le peuple en murmure :
Dès ce moment les droits de la nature
Sont immolés à son autorité.

Le cruel roi, pour vaincre la constance

Por lhe tirar o filho que tem preso;
Crendo co'o sangue só da morte indina,
Matar do firme amor o fogo acceso.
Que furor consentio que a espada fina,
Que poude sustentar o grande peso
Do furor Mauro, fosse alevantada
Contra huma fraca dama delicada?

Traziam-na os horrificos algozes
Ante o rei, já movido a piedade,
Mas o povo com falsas, e ferozes
Razões, á morte crua o persuade.
Ella com tristes, e piedosas vozes,
Sabidas só da magoa, e saudade
Do seu principe, e filhos, que deixava,
Que mais que a propria morte a magoava.

Para o ceo crystallino alevantando
Com lagrimas os olhos piedosos;
Os olhos, porque as mãos lhe estava atando
Hum dos duros ministros rigorosos:
E despois nos meninos attentando,
Que tão queridos tinha, et tão mimosos,
Cuja orphandade como mãi temia,
Para o avô cruel assi dizia:

Se já nas brutas feras, cuja mente
Natura fez cruel de nascimento;

D'un fils qui doit lui succéder un jour,
Veut dans le sang éteindre tant d'amour,
Et sur Inez fait tomber sa vengeance.
Le fer est prêt : ce fer qui, dans sa main,
Du vaillant Maure abattit la puissance,
Menace alors la beauté sans défense,
Et le héros devient un assassin.

Par des soldats indignement traînée,
Aux pieds d'Alphonse Inez attend son sort.
Le roi la plaint, et diffère sa mort :
Mais par le peuple elle était condamnée:
Les fils d'Inez, désolés et tremblans,
Sur son péril témoignaient leurs alarmes,
C'était pour eux qu'elle versait des larmes,
Non pour ses jours moins chers que ses enfans.

Leur désespoir, leurs prières plaintives,
Ont des bourreaux suspendu les fureurs.
Inez au ciel lève ses yeux en pleurs,
Ses yeux.... les fers tenaient ses mains captives.
Elle regarde, en poussant des sanglots,
Ces orphelins dont le sort l'épouvante :
Et, d'une voix affaiblie et tremblante,
A leur aïeul elle adresse ces mots :

Si l'on a vu plus d'un monstre sauvage
Près d'un enfant oublier ses fureurs ;

E nas aves agrestes, que somente
Nas rapinas aerias tem o intento,
Com pequenas crianças vio a gente,
Terem tão piedoso sentimento,
Como co'a mãi de Nino já mostraram,
E co'os irmãos que Roma edificaram:

O tu, que tens de humano o gesto, e o peito,
(Se de humano he matar huma donzella
Fraca e sem força, só por ter sujeito
O coração a quem soube vence-la)
A estas criancinhas tem respeito,
Pois o não tens á morte escura della;
Mova-te a piedade sua, e minha,
Pois te não move a culpa que não tinha.

E se vencendo a maura resistencia,
A morte sabes dar com fogo e ferro;
Sabe tambem dar vida com clemencia
A quem para perde-la não fez erro.
Mas se to assi merece esta innocencia,
Poem-me em perpetuo e misero desterro,
Na Scythia fria, ou lá na Libya ardente,
Onde em lagrimas viva eternamente:

Poem-me onde se use toda a feridade,
Entre leões e tigres, e verei
Se nelles achar posso a piedade

Si l'on a vu ces oiseaux ravisseurs
Qui sont toujours altérés de carnage
Aimer, nourrir la mère de Ninus,
Comme l'on dit qu'une louve attendrie
Avec son lait soutint la faible vie
Des deux jumeaux Romulus et Rémus :

Vous, qui d'un homme avez la ressemblance,
(Si l'on est tel quand on prive du jour,
Pour n'avoir pu résister à l'amour,
Un être faible et qu'on voit sans défense),
Oserez-vous montrer tant de rigueur
A ces enfans qui demandent ma vie?
Regardez-moi, je suis assez punie
D'avoir su plaire au maître de mon cœur.

Vous qui savez d'une main triomphante,
Avec ce glaive à qui tout est soumis,
Exterminer un peuple d'ennemis,
Sachez aussi sauver une innocente.
Si de don Pèdre il faut me séparer,
Exilez-moi dans la froide Scythie,
Dans les déserts brûlans de la Libye,
Partout, hélas! où je pourrai pleurer.

Dans les rochers, loin des lieux où nous sommes,
Chez les lions, capables d'amitié,
Je trouverai sans doute la pitié

Que entre peitos humanos não achei:
Alli co'o amor intrinseco, e vontade,
Naquelle por quem mouro, criarei
Estas reliquias suas que aqui viste,
Que refrigerio sejam da mãi triste.

Queria perdoar-l'he o rei benino,
Movido das palavras que o magoam;
Mas o pertinaz povo, e seu destino,
(Que desta sorte o quiz) lhe não perdoam.
Arrancam das espadas de aço fino,
Os que por bom tal feito alli apregoam;
Contra huma dama, ó peitos carniceiros;
Ferozes vos amostrais, e cavalleiros!

Qual contra a linda moça Polyxena,
Consolação extrema do mãi velha,
Porque a sombra de Achilles a condena,
Co'o ferro o duro Pyrrho se apparelha:
Mas ella os olhos, com que o ar serena,
(Bem como paciente, e mansa ovelha)
Na misera mãi postos, que endoudece,
Ao duro sacrificio se offerece:

Taes contra Ignez os brutos matadores,
No collo de alabastro, que sostinha
As obras com que amor matou de amores
Aquelle que despois a fez rainha,

Que je n'ai pu trouver parmi les hommes.
De mes amours ces fruits tristes et doux
Rempliront seuls mon ame désolée;
Et de mes maux je serai consolée,
En leur voyant les traits de mon époux.

A ce discours de la tendre victime,
Alphonse ému sent palpiter son cœur;
Mais les destins et le peuple en fureur
Ont résolu de consommer le crime.
Les grands, auteurs de ces affreux complots,
Le fer en main, volent sans plus attendre....
Ciel! arrêtez! vous, nés pour la défendre,
Vous, chevaliers, vous êtes ses bourreaux!

Ainsi Pyrrhus, sur la rive troyenne,
Voulant ravir à la mère d'Hector
Le seul enfant qui lui restait encor,
Des bras d'Hécube arracha Polyxène.
Comme un agneau destiné pour l'autel,
Elle suivit le héros sanguinaire,
Et, ne songeant qu'aux douleurs de sa mère,
Sans murmurer reçut le coup mortel.

Telle est Inez; le glaive l'a frappée :
Ce sein d'albâtre, où le dieu de l'amour
Plaça son trône et fixa son séjour,
Est déchiré par la tranchante épée;

As espadas banhando, e as brancas flores,
Que ella dos olhos seus regadas tinha,
Se encarniçavaui, fervidos e irosos,
No futuro castigo nao cuidosos.

Bem puderas, ó sol, da vista destes,
Teus raios apartar aquelle dia,
Como da seva mesa de Thyestes,
Quando os filhos por mão de Atreo comia!
Vós o concavos valles, que pudestes
A voz extrema ouvir da boca fria,
O nome do seu Pedro, que lhe ouvistes,
Por muito grande espaço repetistes.

Assi como a bonina, que cortada
Antes do tempo foi, candida e bella,
Sendo das mãos lascivas maltratada,
Da menina, que a trouxe na capella,
O cheiro traz perdido, e a cor murchada:
Tal está morta a pallida donzella,
Seccas do rosto as rosas, e perdida
A branca e viva cor, co'a doce vida.

As filhas do Mondego a morte escura
Longo tempo chorando memoraram;
E por memoria eterna, em fonte pura
As lagrimas choradas transformaram:

Ses yeux si doux se ferment pour jamais.
Les assassins, consommant leur ouvrage,
Ne pensent pas, dans leur aveugle rage,
Que Pèdre un jour punira leurs forfaits.

Et toi, soleil, que le coupable Atrée
Fit reculer loin d'un affreux festin,
Ah! tu devais reprendre ce chemin,
Le jour qu'Inez à la mort fut livrée.
Et vous, échos du paisible vallon,
A qui sa voix en mourant dit encore
Le nom chéri de l'amant qu'elle adore,
En longs accens répétez ce doux nom.

Comme la fleur qui, trop tôt moissonnée,
De la beauté pare un moment le sein,
Fraîche et brillante aux rayons du matin,
Et vers le soir languissante et fanée :
De même Inez, à peine en ses beaux ans,
A descendu dans la nuit éternelle;
Sur son visage une pâleur mortelle
A remplacé les roses du printemps.

Le Mondégo, dans sa course lointaine,
N'entend partout que de tristes regrets;
Tout est en deuil; des nymphes des forêts
Les pleurs bientôt se changent en fontaine.

O nome lhe puzeram, que inda dura,
Dos amores de Ignez, que alli passaram:
Vede que fresca fonte rega as flores,
Que lagrimas são a agua, e o nome amores.

Ce monument dure jusqu'à ce jour,
Dans tous les temps mille fleurs l'environnent,
Et ce beau lieu que des myrtes couronnent,
S'appelle encor la fontaine d'amour (1).

(1) Inez, chargée de fers sous le glaive des bourreaux, et s'efforçant d'émouvoir la pitié de son juge, ne devrait peut-être pas commencer son touchant discours en rappelant l'histoire de Sémiramis nourrie par des oiseaux de proie (que presque tout le monde ignore), et celle de Romulus et Rémus allaités par une louve ; mais on s'est attaché, dans tout ce morceau, à être de la plus scrupuleuse fidélité ; et cette attention, qui ne peut être sentie que par ceux qui savent le portugais, les rendra peut-être plus indulgens sur les défauts de cette traduction, surtout s'ils veulent considérer qu'à la difficulté extrême de traduire en vers l'inimitable Camoëus, s'est jointe celle de le rendre octave par octave, et presque vers par vers.

LAMENTATION OF QUEEN MARY.

I sigh and lament me in vain,
These walls can but echo my moan :
Alas! it increases my pain,
When I think of the days that are gone.
Thro' the grate of my prison I see
The birds as they wanton in air :
My heart how it pants to be free,
My looks they are wild with despair.

Above tho' oppressed by my fate,
I burn with contempt for my foes :
Tho' fortune has alter'd my state,
She ne'er can subdue me to those.
False woman, in ages to come
Thy malice detested shall be;
And when we are cold in the tomb,
Some heart still will sorrow for me.

Ye, roofs where cold damps and dismay
With silence and solitude dwell,
How comfortless passes the day !
How sad tolls the evening bell !
The owls from the battlements cry,
Hollow winds seem to murmur around :
O Mary, prepare thee to die.
My blood it runs cold at the sound.

CONTES EN VERS.

COMPLAINTE DE LA REINE MARIE.

En vain de ma douleur affreuse
Ces murs sont les tristes échos :
En songeant que je fus heureuse,
Je ne fais qu'accroître mes maux.
A travers ces grilles terribles
Je vois les oiseaux dans les airs ;
Ils chantent leurs amours paisibles,
Et moi je pleure dans les fers.

Quel que soit le sort qui m'accable,
Mon cœur saura le soutenir.
Infortunée, et non coupable,
Je prends pour juge l'avenir.
Perfide et barbare ennemie,
On détestera tes fureurs,
Et sur la tombe de Marie
La pitié versera des pleurs.

Voûtes sombres, séjour d'alarmes,
Lieux au silence destinés,
Ah ! qu'un jour passé dans les larmes
Est long pour les infortunés !
Les vents sifflent, le hibou crie,
J'entends une cloche gémir ;
Tout dit à la triste Marie :
Ton heure sonne, il faut mourir.

A L'IMAGINATION.

IMITÉ DE L'ANGLAIS.

O toi qui, souvent insensée,
Fais chérir jusqu'à tes erreurs,
Toi dont la robe nuancée
Brille de toutes les couleurs;

Fille charmante du génie,
Divine mère des désirs,
De l'espoir qui soutient la vie,
Des chagrins mêlés de plaisirs;

Soit que, de la mélancolie
Empruntant les pensifs attraits,
Tu livres mon ame attendrie
Aux souvenirs, aux doux regrets;

Soit que, rallumant sous la cendre
Un feu qui s'éteint chaque jour,
Tu ranimes mon cœur trop tendre
En lui parlant encor d'amour;

Ne me quitte point dans mes songes,
Sois ma seule divinité,
Préserve-moi, par tes mensonges,
De la cruelle vérité.

A UN LIS.

TRADUIT DE L'ANGLAIS.

O lis, combien j'aime ta fleur !
Simple et modeste avec noblesse,
Elle convient à la jeunesse,
Elle couronne la pudeur.

Quand le zéphyr vient avec l'ombre
Ranimer l'arbrisseau mourant,
Je vois ton calice odorant
Se fermer devant la nuit sombre.

Jusqu'au matin n'osant s'ouvrir,
Ta chaste fleur ainsi resserre
Les larmes, les sucs de la terre,
Qui doucement vont te nourrir.

Dès que l'orient se colore,
Brillant de leurs attraits nouveaux,
Tes boutons plus frais et plus beaux
S'épanouissent à l'aurore.

Comme toi, baigné dans les pleurs,
La nuit je languis solitaire ;
Mais, hélas ! jamais la lumière
Ne vient suspendre mes douleurs.

XIMENA Y EL CID.

ROMANCE.

La noble Ximena Gomes,
Hija del conde Loçano,
Con el Cid marido suyo
Sobre mesa estava hablando.
Triste, quexosa, y corrida,
En ver que el Cid aya dado
En despreciar su compana,
Por preciar se de soldado....
Y con este sentimiento,
Tiernamente suspirando,
Con lagrimas amorosas,
Assi le dixo llorando :

Desdichada la dama cortesana,
Que casa la mejor que casar puede!
Y dichosa en extremo la aldeana,
Pues no ai quien de su bien la desherede;
Pues, si amanece sola a la manana,
No ai successo a la tarde que la vede
De anochecer al lado de su cuyo,
Segura del ausencia y dana suyo.

CHIMÈNE ET LE CID (1).

ROMANCE.

Le Cid, après son hyménée,
Pour les combats veut repartir ;
Sa Chimène en est consternée,
Mais n'ose pas le retenir.
Elle garde un profond silence,
Fixe sur lui des yeux en pleurs ;
Et tout à coup sa voix commence
Ce chant d'amour et de douleurs :

Ah ! qu'une chaîne glorieuse
Nous prépare de cruels maux,
La villageoise est plus heureuse,
Son époux n'est point un héros :
Si, pour aller au labourage,
Cet époux la quitte au matin,
Au moins le soir, après l'ouvrage,
Il revient dormir dans son sein.

---

(1) Cette romance est très-ancienne, et se chante en Espagne depuis plusieurs siècles. Dans l'original, les premier et dernier couplets ne sont pas rimés ni mesurés comme les autres. Ces deux couplets sont traduits librement ; mais tout ce que dit Chimène est à peu près littéral.

No la despiertan sueños de pelea,
Sino el sediento hijuelo por el pecho,
Con darsele y brincarle se recrea,
Dexandole dormido y satisfecho:
Piensa que todo el mundo esta en su aldea;
Y debaxo un pajizo y pobre techo,
De dorados palacios no se cura,
Que no consiste en oro la ventura.

Viene el disanto, muda se camisa,
Y la saya de boda alegremente,
Corales y patena, por divisa
De gozo y libertad que el alma siente.
Va se al solaz, y en el con gozo, y risa;
A la venina encuentra o al pariente,
De cuyas rudas platicas se goza:
Y en anos de vejéz la juzgan moça.

  No quiso el Cid que Ximena
  Se le aquexe y duela tanto;
  Y en la cruz de su Tizona,
  Espada que ciñe al lado,
  Le jura de no bolver
  Mas al fronterizo campo,
  Y vivir gozando d'ella
  Y de su noble condado.

Paisiblement elle sommeille
Sans voir en songe des combats;
Si quelque chose la réveille,
C'est l'enfant qu'elle a dans ses bras.
Elle lui donne sa mamelle,
Le baise et l'endort doucement;
L'univers se borne pour elle
A son époux, à son enfant.

Chaque dimanche elle s'habille
Et prend ses beaux ajustemens :
Douce gaieté dans ses yeux brille,
Et lui donne l'air de quinze ans.
Vers l'église elle s'achemine,
Pressant son fils contre son cœur;
Elle rencontre sa voisine,
Et lui parle de son bonheur.

Sur le pommeau de son épée
Le Cid appuyé tristement,
De ces accens l'ame frappée,
Répond à Chimène en pleurant:
Va, rassure-toi, ma Chimène;
Nos deux cœurs ont même désir;
Peu d'instans finiront ta peine,
Je vais voir, vaincre, et revenir.

MUSETTE,

IMITÉE DE MONTE-MAYOR.

L'autre jour, sous l'ombrage,
Un jeune et beau pasteur
Racontait ainsi sa douleur
A l'écho plaintif du bocage :
(1) Bonheur d'être aimé tendrement,
Que de chagrin marche à ta suite !
Pourquoi viens-tu si lentement,
Et t'en retournes-tu si vite ?

Ma bergère m'oublie ;
Amour, fais-moi mourir :
Quand on cesse de nous chérir,
Quel cruel fardeau que la vie !
Bonheur d'être aimé tendrement,
Que de chagrin marche à ta suite !
Pourquoi viens-tu si lentement,
Et t'en retournes-tu si vite ?

(1)   Contentamientos de amor,
  Que tan cansados llegays,
  Si venis, paraque os vays ?
    Monte-Mayor, Diana, lib. II.

TRADUCTION

DE L'ODE XXXIII D'ANACRÉON.

Quand le printemps se renouvelle,
Je te vois, aimable hirondelle,
Au nid qu'avec art tu bâtis
Revenir faire tes petits,
Et t'en retourner quand il gèle.
Dans mon cœur l'amour, en tout temps,
Établit son nid, sa demeure;
Ses petits naissent à toute heure,
Et l'heure d'après ils sont grands.
L'un n'a point de duvet encore,
Déjà son frère est près d'éclore,
Celui-ci demande à couver,
Celui-là sort de la coquille,
Ses aînés viennent l'élever,
Les plus forts ont déjà famille;
Tous ont besoin d'être nourris :
Pour peu que je les fasse attendre,
Ce sont des pleurs, ce sont des cris....
Je ne sais plus auquel entendre.

PIÈCES FUGITIVES.

A L'ÊTRE SUPRÊME
ET
A LA NATURE.

Qui déploya des cieux la tenture étoilée?
Aux astres éclátans dont leur voûte est peuplée
  Qui donne la vie et la loi?
Qui suspendit la terre à la chaîne des mondes?
Qui resserra la mer dans ses digues profondes?
  Ame de l'univers, c'est toi.

L'ombrage renaissant, la moisson nourricière,
La fraîcheur du ruisseau, la paix de la chaumière,
  Et le faste de la cité,
Étalent tour à tour ta splendeur bienfaisante.
L'auteur de la nature en tous lieux se présente.
  Il occupe l'immensité.

Trop long-temps des mortels les aveugles hommages
De leurs vices grossiers ont chargé tes images.
  Grand Dieu! pourquoi le souffres-tu?
L'erreur te méconnaît, l'imposture t'insulte.
L'homme que tu créas te doit sans doute un culte;
  Et ce culte, c'est la vertu.

VERS SUR ANET.

Vallon délicieux, asile du repos,
Bocages toujours verts, où l'onde la plus pure
    Roule paisiblement ses flots,
    Et vient mêler son doux murmure
    Aux tendres concerts des oiseaux,
Que mon cœur est ému de vos beautés champêtres !
J'aime à me rappeler, sous ces rians berceaux,
    Qu'en tout temps Anet eut pour maîtres
    Ou des belles ou des héros.
Henri bâtit ses murs (1), monumens de tendresse ;
Il y grava partout le nom de sa maîtresse :
Chaque pierre offre encor des croissans, des carquois,
Et nous dit que Diane ici donna des lois.
Vendôme (2), couronné des mains de la victoire,
    Sous ces antiques peupliers
    A long-temps reposé sa gloire,
Et lorsque de Philippe il guidait les guerriers,

(1) On sait que Henri II bâtit Anet pour Diane de Poitiers : leurs chiffres sont partout dans le château.

(2) Le grand Vendôme a possédé et embelli Anet. Ce fut d'Anet qu'il partit pour aller mettre Philippe V sur le trône d'Espagne.

Qu'il faisait fuir l'Anglais et soumettait l'Ibère,
Accablé sous le poids des grandeurs, des lauriers,
Vendôme, seul soutien d'une cour étrangère,
A regretté d'Anet le vallon solitaire.
Du Maine vint après (1); Du Maine, nom fameux,
Qui rappelle les arts, l'esprit, la politesse :
Sur les gazons d'Anet, théâtre de leurs jeux,
Des immortelles sœurs la troupe enchanteresse
  Suivit et chanta sa princesse.
Enfin de ces beaux lieux Penthièvre est possesseur.
Avec lui la bonté, la douce bienfaisance
Dans le palais d'Anet, habitent en silence :
Les vains plaisirs ont fui, mais non pas le bonheur.
Bourbon n'invite pas les folâtres bergères
  A s'assembler sous les ormeaux;
Il ne se mêle point à leurs danses légères;
  Mais il leur donne des troupeaux.
Que ton orgueil, Anet, sur ces titres se fonde :
D'avoir changé de maître, eh quoi! te plaindrais-tu?
Toi seul tu possédas tous les biens de ce monde,
  Amour, gloire, esprit et vertu.

(1) Madame la duchesse du Maine, si célèbre par son esprit et par son goût pour les lettres, tenait sa cour à Sceaux et à Anet.

AU PRINCE
HENRI DE PRUSSE

Visitant, avec MONSEIGNEUR LE DUC DE PENTHIÈVRE, la pyramide élevée par ce prince à Ivri, à l'endroit du champ de bataille où s'assit Henri IV après sa victoire.

Une jeune paysanne donna ces vers au héros prussien, en lui présentant une branche de laurier.

Ici se reposa des rois le plus aimable,
Le héros des Bourbons, l'idole des Français,
Comme César et vous aux combats redoutable,
Comme vous seul sensible et tendre dans la paix.
    On doit aimer ceux qu'on imite.
A la place où s'assit cet illustre guerrier
    Daignez enfoncer ce laurier :
Planté de votre main il y croîtra plus vite.
O campagne d'Ivri, de ce nouvel honneur
    Ne perdez jamais la mémoire ;
Un si beau jour vaut bien celui de la victoire.
Henri, de ses sujets le père et le vainqueur,
Reparaît à nos yeux sous une double image ;
BOURBON, né de son sang, a ses vertus, son cœur ;
Et d'OELS (1) a son nom et sa gloire en partage.

(1) M. le prince Henri avait pris le nom de COMTE D'OELS.

VERS

Gravés sur un rocher, à l'endroit du jardin d'Étupes où madame la duchesse de Wirtemberg, mère de madame la grande duchesse de Russie, a rassemblé tous ses enfans.

Ici la plus heureuse et la plus tendre mère
Réunit onze enfans, idoles de son cœur,
Et voulut consacrer cette époque si chère
    De son amour, de son bonheur.
Passant, repose-toi sous cet épais feuillage;
    Et si tu chéris tes enfans,
    Respire ici quelques instans,
    Tu les aimeras davantage.

AUTRES

SUR LE MÊME SUJET.

Ici, dans la même journée,
Onze enfans, fruit chéri du plus tendre hyménée,
Dispersés par l'amour sur des trônes divers,
    Vinrent tous, au sein de leurs modèles,
    Reprendre des vertus nouvelles
    Pour le bonheur de l'univers.

EXPLICATION

D'UNE MÉDAILLE GRECQUE.

Quand la belle Vénus, sortant du sein des mers,
Promena ses regards sur la plaine profonde,
Elle se crut d'abord seule avec l'univers :
Mais près d'elle aussitôt l'Amour naquit de l'onde.
Vénus lui fit un signe, il embrassa Vénus ;
Et, se reconnaissant sans s'être jamais vus,
Tous deux sur un dauphin voguèrent vers la plage.
Voyez-les s'approcher ensemble du rivage :
L'Amour impatient s'échappe de ses bras,
Et lance plusieurs traits, en criant : terre ! terre !
     Que faites-vous ? lui dit sa mère.
Maman, lui répond-il, j'entre dans mes États.

RÉPONSE

A DES VERS DE M. DIDOT, FILS AINÉ, SUR GALATÉE (1).

Didot, je sais pourquoi vous chérissez ma fille,
    C'est que les mœurs de mes bergers
    Sont les mœurs de votre famille.
Mais je devais trembler en songeant aux dangers
    Qu'allait courir ma Galatée :
  Heureusement votre nom l'a dotée.
Si le sien peut aller à la postérité,
Ce sera par vos soins et par votre suffrage.
  Je compte plus, pour l'immortalité,
    Sur Didot que sur mon ouvrage.

(1) Ces vers se trouvent à la page 88 d'un ouvrage intitulé : *Essai de Fables nouvelles*, dédiées au roi, suivies de *Poésies diverses*, et d'une *Épître sur les progrès de l'Imprimerie*, par Didot, fils aîné. Paris, 1786, in-12.

RÉPONSE

DE GALATÉE A DES VERS DE M. DE FONTANES.

Le curé de notre village
Nous répète souvent qu'une bergère sage
Ne doit point écouter les propos enchanteurs
    De ces beaux messieurs de la ville.
    Ce langage leur est facile,
Dit-il; gardez-vous bien de tous ces séducteurs :
Le doux parler, l'esprit, les manières gentilles,
Ils ont tout ce qu'il faut pour attraper les filles.
Notre curé dit vrai, vous me le prouvez bien.
Vos vers seront toujours gravés dans ma mémoire;
    Mais jamais je ne croirai rien
    De ce qu'ils disent à ma gloire.
J'aimerais à vous voir habitant de nos bois;
    Mais je craindrais que ma musette
Ne pût accompagner votre brillante voix.
    Mon père dit que la trompette
Célèbre dans vos mains les héros et les rois.
    Et que votre muse savante,
Expliquant en beaux vers d'utiles vérités,
Embellit la raison, et, toujours triomphante,

Prouve que tout est bien (1), du moins quand vous chantez.
En myrtes seulement notre vallon fertile
Produit peu de lauriers; vous devez vivre ailleurs.
Nous vous applaudirons, de notre obscur asile;
  Et, quand nous irons à la ville,
Je vous apporterai des couronnes de fleurs.

AU MÊME.

  Vous me louez, et je vous loue;
  Un pareil commerce est fort doux;
  Mais les méchans et les jaloux
  Pourraient fort bien, je vous l'avoue,
  Tant soit peu se moquer de nous.
Critiquez-moi plutôt, de peur que l'on ne pense
  Que j'aime par reconnaissance
Le talent dont le ciel a voulu vous douer.
J'aime mieux renoncer, d'une ame généreuse,
  A votre louange flatteuse,
  Qu'au doux plaisir de vous louer.

---

(1) Tout le monde connaît la traduction que M. de Fontanes a faite, en beaux vers français, de *l'Essai sur l'Homme*, de Pope, in-12.

A MADAME DE....

EN LUI ENVOYANT UN EXEMPLAIRE DE NUMA.

J'AI voulu dans ce faible ouvrage,
Présenter la vertu sous les traits les plus doux :
J'aurais dû peindre votre image,
Et je sens qu'Anaïs est encor loin de vous.
Aussi modeste et plus habile,
Mieux qu'elle vous savez régler tous nos désirs :
Ce qui coûte à son cœur pour le vôtre est facile ;
Et ses devoirs sont vos plaisirs.

A MADAME GONTHIER,

APRÈS LUI AVOIR VU JOUER LA MÈRE CONFIDENTE.

Que j'aime à t'écouter, quand d'un accent si tendre
Tu dis que la vertu fait seule le bonheur !
Ton secret pour te faire entendre,
C'est de laisser parler ton cœur.
Mais, en blâmant l'amour, ta voix trop séduisante
Vers l'amour, malgré moi, m'entraîne à chaque instant;
Et depuis que j'ai vu LA MÈRE CONFIDENTE,
J'ai grand besoin d'un confident.

RÉPONSE

A UNE LETTRE ANONYME D'UNE DEMOISELLE DE
DIX-HUIT ANS.

Vous daignez lire mes romans!
Vous désirez de me connaître;
Mais à vos yeux de dix-huit ans
Je risquerais trop à paraître.

Moins fortuné que mes héros,
Je n'en aurais que la constance;
Et je souffrirais tous leurs maux,
Sans espérer leur récompense.

En m'écrivant, du nom d'ami
Votre aimable bonté m'honore;
En vous lisant, j'ai pressenti
Qu'il me faudrait un titre encore.

Pour punir ma témérité,
Vous fuiriez l'auteur et l'ouvrage;
Mes vers perdraient votre suffrage,
Mon cœur perdrait sa liberté.

POUR LE PORTRAIT DE CARLIN.

Il jouit du rare avantage
De conserver toujours ses amis, ses talens :
Son hiver reproduit les fleurs de son printemps ;
Il est ce qu'il était : les Graces n'ont point d'âge.

ÉPITAPHE

DE MA BONNE CHIENNE.

Ci gît Diane. O vous que le sort a fait naître
Pour aimer et servir, prenez ses sentimens.
Fidèle à ses devoirs jusqu'aux derniers momens,
Elle est morte à la chasse en regardant son maître.

LE PONT DE LA VEUVE (1).

ROMANCE.

De la mère la plus tendre
Je vais chanter les malheurs.
Bons fils, venez sur sa cendre
Répandre avec moi des pleurs;
Vous qui, toujours en alarmes,
Vivez pour vos seuls enfans,
Bonnes mères, que vos larmes
Se mêlent à mes accens.

Au royaume de Valence
Une veuve avait un fils;
Amour, bonheur, espérance,
Sur lui s'étaient réunis.
Jeune, riche, aimable et belle,
A l'hymen se refusant,
Peut-on aimer, disait-elle,
Un autre que son enfant?

(1) Le sujet de cette romance est un fait arrivé dans le royaume de Valence. A trois quarts de lieue de Saint-Philippe, sur la route de Valence à Alicante, on passe le Pont de la Veuve, et tous les habitans du pays savent l'anecdote qui l'a fait bâtir.

PIÈCES FUGITIVES.

Un beau tournois dans Valence
Attirait maint chevalier;
L'enfant meurt d'impatience
D'y montrer son beau coursier.
Sa mère y consent, et pleure,
Et lui dit en l'embrassant :
Si tu ne veux que je meure,
Ne sois pas trois jours absent.

L'enfant part avec sa suite :
Bientôt il trouve un torrent;
Son coursier l'y précipite,
Les flots emportent l'enfant.
Pour le ramener à terre
Efforts et secours sont vains.
Ah! trop malheureuse mère,
C'est toi surtout que je plains !

Un saint pasteur va chez elle
Pour l'instruire de son sort;
A cette ame maternelle
Il donne le coup de mort.
Elle demeure accablée
Par l'excès de ses douleurs;
Sa vue est fixe et troublée,
Et ses yeux n'ont point de pleurs.

Sans proférer une plainte,
Renfermant tout dans son cœur,
Enfin d'une voix éteinte
Elle dit au saint pasteur :
J'irai bientôt, je l'espère,
Près de ces funestes eaux ;
Vous m'y conduirez, mon père,
J'y trouverai le repos.

Là, que ma fortune entière
D'un pont devienne le prix,
A l'endroit de la rivière
Où j'ai perdu mon cher fils :
Et qu'au moins dans ma misère
Ce pont trop tard élevé
Préserve toute autre mère
Du malheur que j'éprouvai.

Je veux qu'on porte ma bière
Parmi ces tristes roseaux,
Qu'on la couvre d'une pierre
Où l'on gravera ces mots :
« Dans cette demeure affreuse
« De mon corps sont les débris ;
« Mais mon ame, plus heureuse,
« Mon ame est avec mon fils. »

PIÈCES FUGITIVES.

Elle dit, et tombe morte.
On suivit sa volonté :
Près du torrent on la porte ;
Un pont s'élève à côté.
Ce pont, non loin de Valence,
Se fait encore admirer :
On le traverse en silence,
Et jamais sans y pleurer.

LE NOVICE DE LA TRAPPE.

ROMANCE.

Lainval aimait Arsène,
Et ne put l'obtenir.
Traînant partout sa chaîne,
Il cherchait à mourir.
A la Trappe il espère
Terminer son ennui :
Il entre au monastère,
L'amour entre avec lui.

En lui donnant la haire,
Qu'il reçoit à genoux,
L'abbé lui dit : Mon frère,
Quel nom porterez-vous ?

Ah! qu'on m'appelle Arsène,
Ce nom qui fit mon sort,
En redoublant ma peine,
Avancera ma mort.

Frère Arsène est novice,
Et sert d'exemple à tous ;
Discipline et cilice
Lui paraissent trop doux.
Pour éteindre sa flamme,
Il fait de vains efforts :
On ne guérit point l'ame
En déchirant le corps.

Il s'écoule une année
Sans qu'il soit plus heureux.
Enfin vient la journée
De prononcer ses vœux :
Il hésite, il chancelle,
Sentant bien qu'à jamais
Son cœur sera fidèle
Aux premiers qu'il a faits.

Le désespoir l'emporte ;
Mais, dans l'instant fatal,
Un homme est à la porte
Qui demande Lainval.
On le refuse. Il crie :

PIÈCES FUGITIVES.

Lainval, mon doux ami,
Ton amante chérie
Vient t'arracher d'ici.

Au fond du monastère
Cette voix retentit ;
Du pied du sanctuaire
Le frère l'entendit.
Il court, hors de lui-même,
A des accens si doux ;
Il voit l'objet qu'il aime,
Et tombe à ses genoux.

Son amante adorée
Lui présente la main ;
Le ciel l'a délivrée
D'un tuteur inhumain.
Ce couple qui s'adore
Fuit loin de ce séjour :
Tous deux pleurent encore,
Mais des larmes d'amour.

COUPLETS

A madame la duchesse d'Orléans et à monseigneur le prince Henri de Prusse, assistant ensemble à un spectacle de société.

Sur l'air du vaudeville de la Rosière.

Que de ce beau jour à jamais
La mémoire soit honorée !
Il offre à nos yeux satisfaits
Le dieu Mars assis près d'Astrée.
Couronnons-les des mêmes fleurs,
La gloire et la vertu sont sœurs.

L'un fait admirer ses exploits,
Et rien ne résiste à ses armes ;
L'autre nous fait chérir ses lois,
Et rien ne résiste à ses charmes.
Couronnons-les des mêmes fleurs,
La gloire et la vertu sont sœurs.

L'esprit de l'un sait tout charmer,
Au Parnasse il vaincrait encore ;
Le cœur de l'autre sait aimer,
C'est son secret pour qu'on l'adore.
Couronnons-les des mêmes fleurs,
La gloire et la vertu sont sœurs.

Leur front modeste s'est baissé
Quand on a joint leurs noms ensemble ;
L'un se croit par l'autre effacé,
Dès qu'un même lieu les rassemble.
Couronnons-les des mêmes fleurs,
La gloire et la vertu sont sœurs.

A MADAME L. M. D. M.

Couplets chantés par ses enfans le jour de S. Louis, sa fête.

SUR L'AIR : *Triste raison, etc.*

Votre patron, bien moins tendre qu'austère,
Gagna le ciel en quittant ses parens ;
Ah ! puissiez-vous ne trouver au contraire
Le paradis qu'au sein de vos enfans !

Si vous l'aviez suivi dans son voyage,
Quand de l'Égypte il courait les déserts,
Loin d'y trouver comme lui l'esclavage,
Les Sarrasins auraient brigué vos fers.

A son retour, par de belles sentences,
Du peuple franc il respecta les droits ;
L'esprit à peine entend ses ordonnances,
Le cœur suffit pour comprendre vos lois.

HYMNE A L'AMITIÉ.

A M. BOISSY D'ANGLAS.

Fille du ciel, source sacrée
Des plaisirs les plus doux, des devoirs les plus saints
C'est aux premiers malheurs qu'ont soufferts les humains
Que tu volas vers eux de la voûte éthérée.
Consumé de douleurs, accablé de travaux,
L'homme allait accuser la céleste sagesse :
    Tu vins secourir sa faiblesse,
    Ses biens surpassèrent ses maux.

    L'orphelin qui pleure sa mère,
Le jeune époux qui voit à peine en ses beaux jours,
Mourir le chaste objet de ses pures amours,
Auprès de ce cercueil va finir sa carrière.
Il lui reste un ami : cet ami dans son cœur
Fait lentement couler un baume salutaire ;
    Il vient partager sa misère,
    Il en est le consolateur.

    Le mortel à qui la fortune
Vendit si chèrement ses trompeuses faveurs,
Solitaire au milieu de ses nombreux flatteurs,
Prodigue ses trésors à leur foule importune.

Il cherche l'amitié : c'est vers son doux lien
Qu'il tourne ses désirs, et non son espérance ;
    Il en achète l'apparence ;
    Pour lui ton nom seul est un bien.

    Au sein même de la victoire,
Tu charmes le guerrier, qui, dans le champ de Mars
D'un peuple de héros guidant les étendards,
Cueille à la liberté les palmes de la gloire.
Par ses frères vainqueurs lorsqu'il se sent presser,
Des larmes qu'il répand son courage s'honore ;
    Mais ses pleurs sont plus doux encore
    Quand son ami vient l'embrasser.

    Le sage dans la solitude,
Libre des passions, dégagé de tout soin,
S'applaudit de sentir l'impérieux besoin
De mêler tes plaisirs aux douceurs de l'étude.
Par toi contre la mort ses sens plus affermis
Des horreurs du trépas soutiennent mieux la vue ;
    Socrate buvant la ciguë
    Sourit à ses jeunes amis.

    Le saint amour de la patrie
Par tes divines lois est encore épuré.
Contemplez des amis le bataillon sacré
De l'oppresseur des Grecs affrontant la furie ;
Accablés, non vaincus, après un long effort,

Ils meurent.... Voyez-les couchés sur la poussière :
Chacun tient la main de son frère,
Aucun d'eux n'a senti la mort.

Ainsi ta douce et vive flamme
Ajoute à la sagesse, augmente la valeur,
L'innocence et la paix, la force et le bonheur
Accourent à ta voix s'emparer de notre ame.
Relevant les humains par le vice abattus,
Jusqu'au plus haut du ciel avec eux tu t'élances ;
Tes devoirs sont des récompenses,
Et tes plaisirs sont des vertus.

LETTRE A M. L. C. D. S. E.

Du château d'Anet, le 3 mai 1779.

Je suis chargé, mon cher pasteur, au nom de tous les habitans d'Anet, de vous adresser des plaintes sur votre départ précipité. Nous sommes tous fâchés contre vous. Le peu de jours que vous avez passés ici va rendre moins agréables ceux que nous devons y passer encore ; et à présent que vous n'y êtes plus, nous aimerions mieux que vous n'y fussiez pas venu : car le plaisir ressemble à ce fruit de l'Apocalypse qui était si doux dans la bouche, et si amer quand il était mangé.

Depuis votre départ, les bergers de nos bois
Aux sons du chalumeau n'accordent plus leur voix ;
On n'entend plus chanter la tendre Philomèle;
Le printemps est fini ; déjà la fleur nouvelle,
Qui de l'amant de Flore annonçait le retour,
Se fane et va mourir sans avoir vu le jour.

Si j'osais vous parler de notre prince, je vous dirais qu'il n'est pas le moins chagrin de votre absence ; et cela seul vous rend inexcusable.

      Quoi ! vous quittez sans murmure
      D'Anet le charmant séjour,
      Ce vallon où la nature
Épuisa ses trésors pour contenter l'amour !
Vous fuyez sans regret un prince qui vous aime,
Qui sait fixer ici le volage bonheur,
      Et veut déposer sa grandeur
      Pour être chéri pour lui-même ;
Qui se plaît à marquer chaque jour d'un bienfait ;
      Et dont l'esprit toujours aimable
Égaie avec douceur les propos de la table,
Et sait parler de tout, hors du bien qu'il a fait.

Heureusement pour vous, mon cher pasteur, nous savons votre secret ; et quoique nous y perdions, il faut vous en aimer davantage :

La voix des malheureux vous appelle à Paris :
Vous y courez leur tendre une main secourable :
    Et, quittant pour eux vos amis,
Vous aimez encor mieux être utile qu'aimable.

Je finis ma lettre, car je l'avais commencée avec le projet de vous faire des reproches, et je ne sais comment il arrive que je ne puis vous parler que de mon respectueux et très tendre attachement.

ROMANCE.

    Lucas, baigné de larmes,
    Demandait aux échos
    La beauté dont les charmes
    Ont ravi son repos :
    Perfide pastourelle,
    Tu quittes ce séjour ;
    Tu m'y laisses sans elle,
    Seul avec mon amour.

    Tu deviens infidèle,
    Sans remords, sans effroi ;
    Tu crois, quand on est belle,
    Qu'on peut manquer de foi.
    Quelle est donc ta faiblesse !

Que je plains ton erreur !
Tu cours après l'ivresse,
Tu manques le bonheur.

Je n'y dois plus prétendre
Depuis que tu me fuis ;
Je ne dois plus attendre
La fin de mes ennuis.
Je vais traîner ma vie
En chantant nos amours,
Pleurant ta perfidie,
Et t'adorant toujours.

A M. LE COMTE D'ARGENTAL,

EN LUI ENVOYANT UNE VIEILLE PLUME DE M. DE VOLTAIRE.

Elle acquit à son maître une immortelle vie,
Elle fut la terreur des sots et du méchant,
Elle éclaira son siècle, elle punit l'envie,
   Peignit l'amour, et t'écrivit souvent.

MES ADIEUX,

ROMANCE.

A MADAME DE F***.

Adieu, paisible indifférence,
Adieu, repos que tant j'aimais :
J'ai vu Camille, et sa présence
Loin de moi vous chasse à jamais.
Je sais que mon amour fidèle
Dans son cœur ne peut pénétrer ;
Mais j'aime mieux souffrir pour elle
Que d'être heureux sans l'adorer.

Adieu, talens que l'on envie,
Et qui ne font point le bonheur ;
Adieu, ma lyre tant chérie,
Qui n'as pu préserver mon cœur ;
Vainement je voudrais encore
En tirer quelques sons touchans,
Le nom de celle que j'adore
Se trouverait seul dans mes chants.

Adieu, beautés de la nature,
Prés émaillés, rians coteaux,
Plaines couvertes de verdure,
Où je suivais les clairs ruisseaux.

Si je n'y trouve point ma belle,
Pour moi vous n'avez plus d'attraits;
Si je l'y vois, je ne vois qu'elle :
Adieu donc, adieu pour jamais!

A M***.

Estelle est loin de mériter
L'encens que vous brûlez pour elle;
Mais quand vous daignez la chanter,
Vous la jugez sur son modèle.
A Montgon s'adresse l'accueil
Que vous faites à ma bergère,
Votre bonté m'en est plus chère,
Mon cœur sent mieux que mon orgueil.

FRAGMENT D'UNE ROMANCE

INTITULÉE

LE ROSSIGNOL.

Rossignol, rossignol charmant,
Qui, libre, heureux et solitaire,
Voltiges d'une aile légère
Dans ce myrte odoriférant,

Tremble qu'une main ennemie,
Cachant dans l'arbre des lacets,
Ne te prive, hélas! pour jamais
De cette liberté chérie.

L'arbre qui te sert de couvert
T'inspire trop de confiance;
Son beau feuillage est toujours vert,
C'est la couleur de l'espérance :
Mais prends-y garde; le malheur
Nous suit partout et nous assiège.
Hélas! dans ce monde trompeur,
L'espérance même est un piège.

Rossignol.....

LA FAUVETTE.

A MADAME LA DUCHESSE D'ORLÉANS,

SUR SA CONVALESCENCE.

Une jeune fauvette, aimable autant que belle,
Nourrissait avec soin quatre jolis petits;
 De son hymen c'étaient les fruits.
 Elle les couvrait de son aile
 Contre la froidure des nuits,
Attendait pour dormir qu'ils fussent endormis;

Rêvait d'eux, s'éveillait sans cesse
Pour les écouter respirer,
Pour les baiser, et s'assurer
Que dans le nid rien ne les blesse.
Le matin, courant le pays,
Elle allait d'une aile rapide
Chercher les grains, les vers dont elle était avide,
Non pour elle, mais pour ses fils.
Dans le chemin pourtant s'il s'offrait à sa vue
Quelque oiseau malheureux ou souffrant de la mue,
Elle le consolait, le plaignait, lui donnait
Ce qu'elle avait, et retournait
Chercher d'une vitesse extrême
Pour ses enfans des grains nouveaux,
Toujours prête à tous les travaux,
Et n'oubliant jamais personne qu'elle-même.
Un jour qu'elle apportait la béquée aux petits,
A la porte de son logis
Se présente vis-à-vis d'elle
L'autour à la serre cruelle.
La pauvre fauvette frémit ;
Son bec laissa tomber la pâture nouvelle,
Et toute tremblante elle dit:
Ah ! monseigneur, je vous en prie,
Accordez-moi quelques instans,
Dans trois jours mes fils seront grands;
Alors mangez-moi, j'y consens ;

Mais jusque-là j'aime la vie.
Ses quatre petits, l'entendant,
S'élancent aussitôt, tombant, courant, volant,
Et viennent à l'autour faire une autre prière :
Monsieur l'autour, monsieur l'autour,
C'est nous qu'il faut priver du jour :
Vous ferez bien meilleure chère :
Nous sommes délicats, vous aurez du plaisir :
Aussi-bien nous allons mourir,
Si vous nous mangez notre mère.
Plusieurs oiseaux du bois, accourant à leurs cris,
Reconnaissent leur bonne amie,
Et tous veulent donner leur vie
Pour sauver la sienne à ce prix.
Heureusement l'autour venait de prendre
Et de croquer quatre perdrix.
Quand il n'avait pas faim, il avait le cœur tendre ;
Il se laissa toucher : les oiseaux réunis
Chantèrent leur reconnaissance :
Le jour de cette délivrance
Devint la fête du pays.

Vous, qui dans ce récit ne voyez qu'une fable,
Savez-vous bien quelle est cette mère adorable
Que j'ai tâché de peindre avec des traits si doux ?
Tout le monde le sait, hors vous.
J'ajoute à son portrait que, sans art, sans adresse,

Elle a su captiver l'estime et la tendresse,
Que le Français souvent sépare du respect.
    Chacun de nous, à son aspect,
La montre à son épouse, à sa fille, à sa mère,
Comme l'exemple heureux des vertus qu'il révère.
Vous ne devinez point? Pour dernier trait enfin,
    Dans sa dernière maladie,
Tout le monde pour elle aurait donné sa vie,
Et chaque malheureux tremblait d'être orphelin.

IMPROMPTU

A M. L'ABBÉ DELILLE,

APRÈS AVOIR ENTENDU SON ÉPISODE DE LA SOEUR GRISE, DANS LE POEME DE L'IMAGINATION.

Un Mantouan qui du matin au soir
Lisait, louait, relisait son Virgile,
Ne pouvait pas seulement concevoir
Qu'on eût tenté d'imiter ce beau style.
Certain Français lui présente Delille.
L'Italien, les comparant entre eux,
    Crie aussitôt : Dieu des vers! *Ils sont deux.*

A MADAME L. D. D. W.

NÉE PRINCESSE DE PRUSSE.

Quoi! vous daignez sourire à mes faibles travaux!
A vos brillans palais préférant des chaumières,
    La fille, la sœur des héros
    Se plaît aux chansons des bergères!
Que dis-je? elle fait plus : sur un luth enchanteur,
En vers harmonieux, doux, élégans, faciles,
Avec le cœur des champs, avec l'esprit des villes,
    Elle chante un pauvre pasteur.
    Ces vers charmans feront ma gloire;
    Vous avez célébré mon nom,
Il ne périra plus; du temple de mémoire
Les clefs, depuis long-temps, sont dans votre maison.

RÉPONSE

A DES VERS DE MESDAMES DE M. ET DE G. HABITANTES DU FOREZ

Je pensais que les noms d'Astrée,
    De Diane, de Céladon,
    Et les bords charmans du Lignon,
    Et cette plaine consacrée

Par l'amour et par les talens,
N'existaient que dans les romans;
Qu'il n'était plus de ces Sylvies,
L'honneur, la gloire du Forez,
Par leur esprit, par leurs attraits,
Et qui, sur ces rives fleuries,
S'en allaient chantant aux échos
Ou les beautés de la nature,
Ou les plaisirs d'une ame pure
Comme le cristal de leurs eaux.
Non, non, ce ne sont point des fables:
Vous les remettez en crédit:
Qui peut vous voir ou qui vous lit
Trouve les romans véritables.
Rien ne manque à l'illusion:
Adieu modestie et raison;
Vos vers font qu'elles m'abandonnent;
Je vais me croire Anacréon,
Puisque les Graces me couronnent.

A M. DE LA HARPE,

SUR SA TRAGÉDIE DE PHILOCTÈTE.

Que tu m'as fait verser de pleurs!
Comme ton Philoctète est touchant, est terrible!
Que j'ai souffert de ses douleurs!
Je ne sais pas le grec; mais mon ame est sensible,
Et pour juger tes vers il suffit de mon cœur.
J'ai reconnu dans toi l'élève de Voltaire.
Souviens-toi qu'en mourant l'Hercule littéraire
T'a désigné pour successeur.
Va, laisse murmurer une foule timide
D'envieux désolés, d'ennemis impuissans;
Prends Philoctète pour ton guide:
Comme lui, tu souffris du venin des serpens;
Et, comme lui, tu tiens les traits d'Alcide.

A MADAME ***,

SUR UN PORTRAIT DONNÉ DEUX FOIS.

Vous me l'aviez repris, mon cœur vous le pardonne.
Je sais que les amans se rendent leurs portraits;
Les amis, bien plus sûrs, les gardent à jamais:
L'amour prête, l'amitié donne.

A MADAME DE FONTENAY,

EN LUI ENVOYANT GONZALVE.

A vos pieds j'envoie en ce jour
Un héros de votre patrie,
Qui fut l'honneur de l'Ibérie
Comme vous en seriez l'amour.
Jadis sa gloire et son courage
Lui firent beaucoup d'envieux :
S'il plaît un moment à vos yeux,
Il en aura bien davantage.

A UN SERIN.

En quoi ! toujours,
Petit volage,
Loin de ta cage,
Loin des Amours,
Tu t'enfuiras ;
Et tu feras
Gémir Adèle !
Sois plus constant ;
Prends pour modèle
L'enfant charmant

Qu'on voit près d'elle,
Toujours fidèle,
Toujours content.
Ce bel enfant,
Qui la préfère
Même à sa mère,
Va dédaignant
Les autres belles,
Et cependant
Il a des ailes.

VERS

FAITS POUR MADAME GA.....

O vous à qui je dois la vie,
Puisque je vous dois mon enfant,
Souffrez qu'un faible monument
Rappelle à votre ame attendrie
Vos bienfaits envers votre amie.
J'ai voulu vous donner ce que j'aimais le mieux.
Ici vous voyez votre image.
C'est vous qui me rendez ce fils si précieux,
Que j'aimais plus que moi, que j'aime davantage
Depuis qu'il resserre nos nœuds.
Regardez-le souvent pendant ma triste absence;

Et si mon fils est ressemblant,
Il doit vous dire : En ce moment,
Ma mère m'entretient de sa reconnaissance.

A MONSIEUR ***,

Pour le jour de Saint-Jean Népomucène, sa fête.

Vous imitez si bien votre patron pieux,
Dans ses douces vertus, ses bienfaits et son zèle,
Qu'un jour vous le joindrez dans la gloire éternelle;
    Mais daignez rester en ces lieux
    Encor cent ans, je vous en prie :
    Le paradis de cette vie
Est où l'on nous aime le mieux.

POUR UN CHIEN

QU'ON AVAIT HABILLÉ EN HOMME POUR ALLER PORTER UN PRÉSENT ET UN BOUQUET.

De la tendre amitié je suis ambassadeur :
    Fidèle comme ma maîtresse,
Je porte à tes genoux nos vœux pour ton bonheur,
    Et le tribut de sa tendresse.

Pour me donner l'air grave on n'a négligé rien ;
De ce brillant habit pardonne l'imposture ;
    D'un homme en vain j'ai la parure :
Je sens auprès de toi battre mon cœur de chien.

A MADAME DE LA W....

L'Amour et la Vertu, dès long-temps ennemis,
    Finirent leur longue querelle,
Et voulurent tous deux, de concert réunis,
Former une beauté qui servît de modèle.
L'Amour dit : Elle aura mon air vif et mutin,
    Mes yeux, mes traits, la taille de ma mère,
    L'art de charmer, le don de plaire,
Et mon esprit moqueur, et mon souris malin.
Pour moi, dit la Vertu d'un air de modestie,
    Je lui donnerai ma douceur,
    Ma simplicité, ma candeur,
Et cette paix qui fait le charme de la vie.
L'Amour riait tout bas, et disait à part soi :
    Séraphine sera pour moi ;
    Car je la rendrai si jolie,
    Et lui soumettrai tant de cœurs,
Qu'il faudra bien, vertu, qu'elle t'oublie
    Pour suivre mes douces erreurs.

La Vertu, qui vit bien que l'on se moquait d'elle,
 Dit à l'Amour : Oui, je consens
Que notre Séraphine ait tous vos dons charmans ;
 Mais j'y joins une bagatelle,
 C'est qu'elle ignore qu'elle est belle,
 Et qu'elle soit sourde.... aux amans.

A MADAME DE....

EN LUI ENVOYANT UN PERROQUET.

Vous aimez tant mon perroquet,
 Il est à vous, je vous le donne ;
N'oubliez pas du moins que, s'il dit mon secret,
Il faut qu'à son babil sa maîtresse pardonne.
Je me suis expliqué devant lui sans détour ;
 Ne soyez donc point étonnée,
 Si tout le long de la journée
 Il ose vous parler d'amour.

MADRIGAL DE CALDERON.

Negar te que he querido,
 Laura, a Nise fuere error,
 Mas piensar tu que este amor

Es como el que yo te he tenido,
Mayor error, Laura, ha sido.
  Pues, si a Nise un tiempo ame,
No fue amor, ensayo fue
De amar to luz singular;
Que para saber te amar,
O Laura, en Nise estudie.

TRADUCTION

DU MADRIGAL PRÉCÉDENT.

Laure, pardonnez-moi l'erreur
Qui me fit porter d'autres chaînes ;
Je devais connaître les peines
Pour mieux sentir tout mon bonheur.
  Mes yeux s'étaient laissé charmer ;
Mais mon cœur attendait le vôtre :
Je n'ai soupiré pour une autre,
Qu'afin d'apprendre à vous aimer.

A MADAME D'O....

SUR UNE BOURSE DE QUATRE COULEURS.

Vous vous trompez, aimable dame;
Vos carreaux blancs, roses, verts, bleus,
Ne rappellent point à mes yeux
Le héros balourd de Bergame.
Du bizarre habit d'Arlequin
Vous pensiez tracer l'assemblage,
Tandis qu'une plus chère image
Naissait pour moi sous votre main.
C'est vous seule, oui, c'est vous-même
Que je vois dans chaque couleur.
Le blanc, n'est-ce pas la candeur?
Le blanc de votre ame est l'emblème.
Le rose ne vous peint-il pas
Les ris, les plaisirs, la jeunesse?
Cortège que l'on voit sans cesse
S'empresser de suivre vos pas.
Le bleu, c'est la couleur chérie
Des cœurs fidèles et constans,
Et du flacon que tant d'amans
Ont bu pour vous jusqu'à la lie.
Le vert, hélas! c'est le seul bien

Qui reste à mon ame abattue ;
Depuis que je vous ai perdue,
L'espérance est mon seul soutien.
Ainsi partout est votre image ;
Vous vivez dans chaque couleur,
Et chaque fil de votre ouvrage
Est une chaîne pour mon cœur.

RÊVE

A MADAME DE....

J'AI rêvé cette nuit que j'avais su charmer
La beauté pour qui je soupire ;
Qu'enfin elle daignait me dire :
Oui, mon ami, je consens à t'aimer.
Ce doux rêve est-il un mensonge ?
Ce doute affreux me fait mourir ;
Si je ne suis aimé qu'en songe,
Dites-le-moi, je retourne dormir.

PORTRAIT.

Vous demandez ce que c'est que Camille (1);
C'est un lutin sous les traits de l'Amour,
Vive, sensible, et maligne, et gentille;
Allant, venant de la ville à la cour;
Trottant, courant, tournant toutes les têtes;
Gardant la sienne, et riant des conquêtes
Qu'en son chemin elle fait chaque jour.
Libre et sans suite, elle a pour équipage
Attraits, esprit et propos enchanteurs;
Elle paraît, et tout lui rend hommage.
Un petit sac compose son bagage;
En un clin-d'œil elle y met tous les cœurs,
Ferme le sac, et poursuit son voyage.

AUX MANES DE CAMILLE.

Toi, dont les talens et les charmes
Mettaient nos cœurs dans un si grand danger;
Toi qui faisais verser des larmes,
Même en parlant un langage étranger,

---

(1) Actrice célèbre de l'ancienne Comédie Italienne.

Reviens dans ce Paris que tu vis idolâtre
  De tes attraits, de tes accens.
  Non, ce n'est plus le même temps ;
  Tout est changé sur ton théâtre ;
Le plaisir a besoin de la diversité ;
 On ne veut plus de ce fade langage
Que l'Amour inventa pour plaire à la beauté.
  Arlequin, ce sot personnage,
Ennuyait tout Paris de ses fades amours.
  On l'a chassé ; la Comédie
  A vu renaître ses beaux jours.
  Au lieu du jargon d'Italie,
  Elle a le langage poissard ;
Au lieu de Silvia, c'est Rizabelle Houzard.
 Nous n'avons plus cette pièce charmante,
Où, les cheveux épars, les yeux noyés de pleurs,
Tu demandais ton fils d'une voix déchirante ;
  Mais nous avons les Raccoleurs.

VERS A MADAME GONTIER,

DE LA COMÉDIE ITALIENNE,

EN LUI ENVOYANT UNE BÉQUILLE DE BOIS DE ROSE.

Reçois cette béquille, et daigne t'en servir;
Elle aura dans tes mains une vertu certaine.
  Dès qu'on la verra sur la scène,
  On sera forcé d'applaudir.
Si, d'un drame nouveau condamnant la faiblesse,
Le parterre ennuyé devenait trop bruyant,
  Qu'en vieille alors Gontier paraisse,
  Et la béquille, en cet instant,
  Soutiendra l'actrice et la pièce.

À MADAME **.

RACCOMMODEMENT.

De Rome j'ai fait le voyage
Pour que tous mes péchés me fussent pardonnés;
Vous êtes de moitié dans ce pèlerinage,
  Ainsi je vous dois le partage
De ces *agnus* par le pape donnés.

Ils ont la vertu singulière
De rendre heureux le cœur qu'ils ont sanctifié ;
Car ils en chassent la colère,
Pour n'y laisser que l'amitié.

A LA MÊME,

Qui disait que, de toutes les fleurs, la violette était celle qu'elle préférait.

PARMI les filles du Zéphir
Le sort la plaça la dernière :
Françoise daigne la choisir,
L'Amour la nomme la première.

A MONSIEUR **,

EN RÉPONSE A DES VERS.

L'ORGUEIL, le seul orgueil est la source féconde
De tous les malheurs de ce monde ;
C'est surtout le péché de certains beaux esprits.
A chaque instant je me le dis,
Pour l'éloigner du moins, pour m'empêcher d'entendre

Ces conseils de l'orgueil dont nous sommes charmés;
Mais, hélas! puis-je m'en défendre,
Quand vous dites que vous m'aimez?

A MADAME ***.

Jamais rossignol n'a chanté
Chanson si douce et si jolie
Que celle où je suis trop flatté
Par une linotte polie.
A son esprit, à sa bonté,
J'ai bien reconnu sa patrie,
Ce pays, par moi si vanté,
Des talens et de la beauté,
Où l'on voit l'aimable folie
S'allier à la gravité,
L'amour à la fidélité,
La valeur à la courtoisie,
La dévotion au génie,
Et la raison à la gaieté;
Témoins Cervante et compagnie.
J'ose soutenir cependant,
En disant tout ce que je pense,
Que votre apologue charmant
Renferme une erreur d'importance:

Les oiseaux n'ont pas leur vrai nom,
Après la fable par vous faite;
Le rossignol n'est qu'un pinson,
La linotte est une fauvette.

Pardonnez-moi, madame, de répondre en mauvais vers à la plus charmante prose que j'aie lue de ma vie. Ma reconnaissance est trop pressée de vous remercier pour laisser à mon amour-propre le temps de mieux faire. C'est à moi que vous avez fait passer une charmante après-midi. Si cinq ou six contes d'enfans ont pu vous distraire et vous amuser, vous et votre aimable société, c'est une preuve que vous êtes toutes bien bonnes, et cette qualité-là, qui devient tous les jours plus rare, malgré les efforts de certains clubs qui cherchent à la propager, ne laisse pas que d'ajouter à tant d'autres plus brillantes que la nature vous a prodiguées.

Je profiterai sûrement, madame, de la permission que madame votre mère et vous daignez m'accorder. J'aurai l'honneur d'aller vous faire ma cour dans ce champ de roses, où il était bien de votre destinée que vous vinssiez habiter, et je tâcherai de vous dire, en castillan comme en français, combien sont vrais les sentimens de respect et de reconnaissance que vous et votre aimable société m'avez inspirés, et avec lesquels j'ai l'honneur d'être, etc.

ÉPITAPHE

DE MADAME DE MARSENNE.

Fille respectueuse et soumise, épouse vertueuse et tendre, ses devoirs furent toujours les seules passions de son ame. En attendant le bonheur d'être mère, elle adopta tous les malheureux pour ses enfans. Son bien fut leur patrimoine. Sensible et fidèle à l'amitié, c'était pour elle et pour son époux qu'elle cultivait des talens dont elle ne fut jamais vaine. Ses plaisirs étaient les bienfaits qu'elle pouvait en secret répandre; ses délassemens, les lectures dont elle espérait plus de vertus pour son cœur, ou plus de lumières pour son esprit. Passant, elle a été ravie, avant trente ans, à un époux inconsolable. Daigne la pleurer un moment; il la pleurera toujours.

LETTRES
A M. DE FLORIAN,

ET

RÉPONSES DE CE DERNIER.

BILLET DE M. DE BUFFON.

Ce 25 décembre.

La douce, l'aimable, l'intéressante Estelle a suspendu mes maux : l'intérêt qu'elle m'inspirait me faisait désirer d'arriver à la fin de chaque livre, et cependant je regrettais d'avoir un plaisir de moins à espérer. Mille graces soient rendues à monsieur de Florian, de m'avoir procuré de si doux momens au milieu de mes souffrances. Quand ma santé sera meilleure, je le prierai avec instance de venir recevoir mes remerciemens et l'assurance des sentimens qu'il m'inspire.

LETTRE

A MONSIEUR GESSNER,

En lui envoyant des pièces de théâtre.

Paris, ce 30 juin 1785.

Monsieur,

Pardonnez-moi si je vous importune souvent; cela vous fait peut-être un peu de peine, mais cela me fait grand plaisir; et comme vous êtes sûrement le meilleur des hommes, je risque de vous ennuyer tant soit peu pour m'amuser beaucoup. J'éprouve une très-douce joie à vous parler de ma vénération pour vous, de mon amour pour vos charmans ouvrages, de l'étude presque continuelle que j'en fais, pour former mon cœur et mon style. J'aimerais tant à passer pour votre écolier! mais je suis loin de cette bonne place, et ma pauvre Galatée, toute riche qu'elle est sur les bords du Tage, n'est pas digne de posséder un petit troupeau dans les montagnes de Suisse. Elle ne serait plus jolie auprès de vos bergères, et lorsqu'elle voudrait chanter le printemps d'Espagne, Daphnis se ferait mieux écouter en chantant *une belle matinée de janvier*.

Quoi qu'il en soit, monsieur, j'ose vous envoyer un nouvel ouvrage; ce sont des pièces de théâtre; puissent-elles vous amuser un instant! Arlequin a un ton de naïveté qui doit vous plaire, et je lui ai bien recommandé de prendre une voix douce et tendre, et de vous adresser à vous, de ma part, tout ce qu'il dit de tendre à sa maîtresse.

Monsieur et madame de la B......., qui vous remettront ce paquet, se font une fête d'avoir l'honneur de vous voir. Leur cœur en est digne, ils chérissent vos ouvrages comme vous chérissez la belle nature. Parlez-leur beaucoup, je vous en prie, car ils n'oublieront aucune de vos paroles, et ils m'ont promis de me les rapporter toutes. J'attendrai leur retour avec bien de l'impatience, pour leur demander mille détails sur vous, et pour être sûr que vous recevez avec un peu de bonté les assurances du respect si tendre avec lequel j'ai l'honneur d'être, etc.

Permettez-moi de me rappeler au souvenir de votre ami, monsieur de W...., et de lui répéter ici combien j'ai trouvé trop court le séjour qu'il fit à Paris.

LETTRE

DE MONSIEUR GESSNER.

Zurich, le 30 novembre 1787.

Vous ne pouvez vous imaginer l'embarras où je suis, monsieur; je sens mon tort d'avoir différé si long-temps à vous répondre et à vous remercier pour tout le plaisir que le nouveau volume de votre Théâtre m'a procuré. Ce n'est pas que je ne sente tout le prix de votre amitié, et que je ne sois sensible aux preuves si flatteuses que vous m'en donnez: tous ceux qui viennent de Paris, et que j'ai le plaisir de voir, peuvent m'en être témoins; mon premier soin est de leur parler de vous avec la chaleur que m'inspire l'amitié que je vous ai jurée. Je lis, je relis vos ouvrages; j'en admire le ton de naïveté, la pureté des sentimens, l'intérêt que vous donnez à toutes les situations par une vérité et une simplicité si admirables. Je suis touché de la manière flatteuse avec laquelle vous parlez au public des sentimens d'amitié dont vous daignez m'honorer, et je suis orgueilleux d'avoir pu vous donner, par une de mes idylles, la première idée d'un petit drame qui est à tous égards un chef-d'œuvre : l'une n'est qu'une simple fleur de prairie, l'autre un bouquet que les Graces mêmes ont arrangé.

Et avec tous ces sentimens, j'ai pu différer si long-temps à vous écrire! j'en suis puni par les inquiétudes que mon indolence m'a causées, et j'espère de la bonté de votre cœur et de la délicatesse de vos sentimens que vous me pardonnerez.

J'ose vous recommander le porteur de cette lettre, un jeune Anglais, M. D..., qui, par la naïveté de son caractère et la noblesse de ses sentimens, pourrait vous servir de modèle pour un de ces personnages si aimables que vous savez si bien peindre. Il a fait un séjour d'un an à Zurich, fort attaché à ma maison. Je lui ai parlé de vous, je lui ai fait lire vos ouvrages, et son désir le plus ardent est de voir un homme qu'il admire et qu'il estime de tout son cœur.

J'ai l'honneur d'être, avec tous les sentimens d'estime et d'amitié,

Votre très-humble et très-obéissant serviteur,

S. Gessner.

LETTRE

DE MONSIEUR THOMAS.

Je n'ai pu avoir l'honneur, monsieur, de vous remercier plus tôt du nouveau présent que vous avez bien voulu me faire, parce que j'ai été quelque temps éloigné de Paris, et, dans ce moment-ci, je n'y retourne que pour partir encore. Je vais, dans les provinces méridionales, chercher un climat plus doux, qui convient mieux à ma santé que les brouillards et l'hiver de Paris. J'ai lu, dans cet intervalle, avec un véritable plaisir, le charmant recueil que vous avez eu la bonté de m'adresser. En me préparant à mon voyage, j'ai voyagé avec bien plus de plaisir dans les siècles et les pays que vous avez su peindre de couleurs si aimables. J'y ai retrouvé partout ce charme d'une simplicité touchante, qui fait le caractère de tout ce que vous écrivez; on aime à vivre, on voudrait prolonger sa société avec vos personnages, et on les quitte avec regret. Chaque histoire a sa couleur; les événemens sont variés, et le style est toujours piquant sans recherche. C'est une nature douce et facile, qui s'orne elle-même sans y penser. Cultivez, monsieur, un talent si nouveau pour nous, et si loin des défauts qu'on reproche aujourd'hui à notre littérature. Fénélon vous aurait avoué pour son élève, et tous ceux qui vous connaissent et qui vous lisent désireraient vous avoir pour ami.

Agréez toute ma reconnaissance pour le plaisir que je vous dois, et l'attachement bien véritable que vous inspirez, et avec lequel j'ai l'honneur d'être,

Monsieur,

Votre très-humble et très-obéissant serviteur,

Thomas.

Au Louvre, 25 septembre 1789.

LETTRE

D'UN JEUNE HOMME (1).

Paris, 18 novembre 1789.

Monsieur le Chevalier,

J'ai mille choses à vous dire sur votre intéressante Estelle, sur votre vertueuse Galatée, et je ne puis trouver même une seule expression pour vous peindre toutes les sensations délicieuses que j'ai éprouvées en vous lisant. Pourquoi n'ai-je pas vos accens? mon ame, sensible comme la vôtre, pourrait vous rendre tous les mouvemens qui l'animent.

Ma plume maladroite, faible, tremblante, effrayée de la multitude de sentimens divers dont mon cœur voudrait qu'elle vous fît le tableau, dans mes mains reste immobile; eh bien! qu'elle vous trace seulement tout ce que je vous dois : le récit de mes douleurs et l'adoucissement que vous y avez apporté,

---

(1) Nous avons cru devoir supprimer le nom, le titre et l'adresse de la personne qui a écrit cette lettre.

(*Note du premier Éditeur.*)

vous feront juger de la grandeur de ma reconnaissance.

Je gémissais sur la perfidie d'une amante adorée; je pleurais sur le malheur affreux d'une amie, par moi innocemment causé ; mon œil désespéré contemplait avec effroi le bouleversement désastreux de ma patrie; déjà j'étais à ce point terrible où l'existence n'est plus qu'un pesant fardeau, enfin où l'on déteste la vie, quand un ami m'offre vos œuvres à lire : je les prends avec indifférence; je comptais les lire de même; mais que je fus heureusement tiré de cette erreur !

Estelle, Némorin, Galatée, Élicio, bergers et bergères de Massane et des bords du Tage ; et vous qui les avez si bien célébrés ; et toi, ô mon ami, à qui je dois le bonheur d'avoir lu le chantre divin de l'Occitanie, voyez tous à vos genoux celui qui, hier, était encore le plus malheureux des hommes, et dont le sort a changé en un instant. Florian, que ne pouvez-vous voir les pleurs de joie qui inondent mon visage; cette muette expression vous dirait mieux que l'éloquence la plus brûlante tout ce que vous m'avez inspiré. Les larmes amères du désespoir étaient les seules qui, jusqu'à présent, baignèrent mes yeux; aujourd'hui je sens couler celles de la consolation; aujourd'hui je cesse d'être malheureux, et c'est à vous que je dois ce bonheur.

Par cette lettre j'avoue ma dette envers vous, mais je ne l'acquitte pas. Il faudrait être un Florian pour rendre un digne hommage à M. de Florian.

Agréez l'assurance de l'estime vraie, de l'attachement sans bornes et du respect profond avec lesquels j'ai l'honneur d'être,

Monsieur le chevalier,

Votre très-humble et très-obéissant serviteur, etc.

RÉPONSE

DE MONSIEUR DE FLORIAN

A LA PRÉCÉDENTE.

Châteauneuf-sur-Loire, 21 novembre 1789.

La lettre aimable, monsieur, que vous m'avez fait l'honneur de m'écrire, m'a été renvoyée ici, et je me hâte de vous remercier de tout ce qu'elle contient d'obligeant et de beaucoup trop flatteur pour moi. Il me serait doux de penser que mes faibles ouvrages ont pu vous être de quelque secours dans un moment où vous aviez besoin qu'on rendît à votre ame ses forces ; mais ce n'est point moi, monsieur, qui vous ai sauvé du désespoir ; ce sont les vertus que votre cœur chérit, c'est la tendresse que vous devez aux auteurs de vos jours, à vos amis, à tout ce qui vous aime; c'est enfin l'espoir d'être utile à vos semblables, le plus doux et le premier de nos devoirs. Je n'ai pu, tout au plus, que vous rappeler ces idées chères à votre ame. Elles ont suffi pour vous donner la force de supporter vos maux, et votre reconnaissance vous a fait regarder comme un médecin habile celui qui n'a fait que cueillir l'herbe salutaire née dans votre propre jardin.

C'est moi, monsieur, qui vous dois de véritables remerciemens pour des éloges que je suis loin de mériter. Personne ne connaît mieux que moi les défauts des livres que vous me vantez; mais personne ne met plus de prix aux suffrages des cœurs sensibles; et, à ce titre, je vous prie de recevoir les expressions de la reconnaissance avec laquelle j'ai l'honneur d'être,

Monsieur,

Votre très-humble et très-obéissant serviteur,

FLORIAN.

LETTRES DE FLORIAN

A M. DE BOISSY D'ANGLAS.

Si Némorin chantait comme M. de Boissy écrit, il serait bien sûr d'obtenir de tout le monde les éloges qu'il ne doit qu'à l'amitié de ses compatriotes : mais M. de Florian aime mieux devoir ces éloges à l'amitié qu'à la justice; car la reconnaissance rend bien plus heureux que l'orgueil. Il remercie bien tendrement M. de Boissy de son aimable attention, et il ira, au premier moment, lui dire combien il trouve doux et glorieux d'être le compatriote, le confrère et l'ami de celui qu'il aurait choisi pour frère.

Paris, ce 16 novembre 1787.

J'ai reçu, monsieur, presque en même temps, les deux aimables lettres que vous m'avez fait l'honneur de m'écrire. Je vous dois des excuses d'avoir tardé à y répondre : mais d'abord il faut du temps pour vous lire; et de plus, quand on imprime, même des bagatelles, les épreuves, les visites à l'imprimeur, et les autres occupations qu'on a toujours à Paris, vous prennent tous vos momens. Ce qu'il y a de sûr, c'est qu'après ceux passés avec vous, je n'en connais guère de plus doux que de cultiver votre amitié, et de me rappeler à votre souvenir.

Là-dessus, je n'ai point de querelle avec madame de V......., avec M. et madame du......., et tous ceux qui vous ont connu, c'est-à-dire qui vous regrettent. Nous avons l'espoir de vous voir de retour avec le printemps ; et quand bien même je ne serais pas faiseur de pastorales, ce seul espoir me rendrait le mois de mai le plus agréable de l'année.

Je vous prie de dire à M. de Montgolfier combien je suis reconnaissant de tout ce dont il a bien voulu vous charger pour moi. Je n'aurai pas encore recours à ses bontés cette fois-ci, parce que la hâte que j'avais de mettre sous presse mon livret ne m'a pas permis d'attendre. Je le prie de me conserver son obligeance pour un autre ouvrage. Mon intérêt le plus cher se trouve d'accord avec ses offres; car le nom seul de son papier doit faire espérer que le livre ira à la postérité.

Estelle est achevée, et sèche tristement auprès des poêles de M. Didot. Vers la fin de décembre elle prendra son essor, et tournera d'abord vers Annonay; elle ira vous saluer au bord de ce ruisseau charmant que je connais, que j'aime sans l'avoir vu, et où mon heureuse Estelle entendra des vers plus doux et plus harmonieux que ceux de son Némorin.

Laissons là les médiocres ouvrages, pour parler de bonnes œuvres. J'aurais désiré de tout mon cœur pouvoir servir en quelque chose monsieur votre receveur, mais malheureusement, le M. du Petit-Val, mon ami, n'est point le M. du Petit-Val, régisseur général : c'est bien le même nom, mais non pas la même personne; et je n'ai nulle relation avec celui dont vous avez besoin. Cependant, l'obligeante madame du Petit-Val, la femme du mien, s'est chargée de votre mémoire, et tâchera de le faire arriver à son adresse, en le recommandant de son mieux.

Je ne puis vous dire grand' chose de nos théâtres; je n'y vais presque point. J'ai consacré mes soirées à relire avec quelques amis mes poètes et mes historiens latins. Cela fait que je vois encore moins de monde que je n'en voyais, et que je suis plus en état de vous donner des nouvelles des troubles de la loi agraire, ou des ridicules de Nomentanus et de Damasippe, que des réformes de M. de Toulouse, et des succès de M. de La Reynière. Je ne soupe plus qu'avec Cicéron, je mange un morceau avec Tite-Live; et, en attendant les poésies légères de M. Dussaulx, j'explique Horace et Catulle.

J'aimerais mieux causer avec vous, monsieur; revenez dans notre capitale le plus tôt qu'il vous sera possible : vous y avez laissé de vrais amis, à qui il n'arrive plus de rire, de raisonner ou de disputer, sans regretter que ce ne soit pas avec vous.

Comme votre première lettre finit avec infiniment de cérémonie, vous sentez bien que, quoi qu'en dise mon amitié, je ne puis me dispenser de vous assurer que

J'ai l'honneur d'être, monsieur, avec tous les sentimens qu'il est si doux d'éprouver pour vous,

Votre très-humble et très-obéissant serviteur,

FLORIAN.

P. S. Voici une triste réponse faite à M. le sénéchal au sujet de l'affaire qui vous intéresse, et à laquelle il a fait tout ce qu'il a pu.

Paris, 19 décembre 1787.

Voici, monsieur, la jeune bergère (1) dont vous avez bien voulu protéger l'enfance. Si vous aviez pu achever son éducation, elle serait bien plus aimable; mais avec tous ses défauts, elle se présente devant vous. J'ai fait ce que j'ai pu pour obtenir d'elle de ne point vous parler de sa compagne Adélaïde, ni du somnambule Isidore: je lui ai représenté que ce n'était pas comme ce berger que vous dormiez, que vous exigiez que l'on ronflât ou qu'on fût éveillé, que toutes ces nuances de sommeil n'étaient propres qu'à vous endormir; je n'ai jamais pu venir à bout de la persuader. Elle est entêtée, mademoiselle Estelle, surtout dans la dispute; raison ou tort, elle ne cède point (défaut que vous devez bien blâmer encore). Enfin, il a fallu la laisser avec Isidore; et l'insolente m'a répondu que vous auriez beau critiquer cet endroit, vous n'en direz jamais tant de mal que d'autres en ont dit de bien.

Nous parlons souvent de vous, monsieur, avec tout ce qui vous a connu ici; nous vous regrettons tous de compagnie. Quand reviendrez-vous donc? Savez-vous que voilà deux fois que je vais au Lycée

(1) Estelle.

entendre M. de La Harpe sur la Henriade? Il nous a dit de très-belles choses; mais l'idée que j'étais au Lycée sans vous a été cause que je me suis ennuyé à périr. Vous à qui la gloire du Lycée est si chère, revenez donc me prouver que j'ai tort de vous y regretter autant.

Adieu, mon cher confrère; je cabale à Nîmes pour faire recevoir M. de Choisi de l'Académie. Je ressemble au cardinal Alberoni, qui, n'ayant pu troubler l'Espagne, alla mettre le feu à la république de Saint-Marin. N'allez pas dire tout ce que je vous conte, au moins; car je ne dispute et ne badine jamais qu'avec mes amis, et toute plaisanterie avec eux est un combat à fer émoussé qui devient duel dès que d'autres s'en mêlent. Si je vous aimais moins, je serais plus souvent de votre avis, et je finirais gravement ma lettre, au lieu que je la finis par vous embrasser de tout mon cœur.

Voulez-vous bien me rappeler au souvenir de M. de Montgolfier.

Vernon, ce 24 janvier 1788.

Il y a long-temps, mon cher confrère, que je vous dois des remerciemens pour les deux lettres si aimables qui se sont croisées avec les miennes. Je vous dois surtout de la reconnaissance pour la manière dont vous avez accueilli Estelle. Vous lui avez dit de plus jolies choses qu'elle n'en a jamais entendu de Némorin, et votre indulgence pour elle la consolera de quelques sévérités qu'elle a éprouvées de M. l'abbé Morellet.

Malgré ses critiques, malgré les vôtres, mon confrère, et celles de quelques autres, Estelle va bien : mon édition est presque épuisée, et l'on imprime la seconde. Après un mois des tracas que donnent le jour de l'an et la publication d'un ouvrage, j'étais venu passer dans le calme une quinzaine de jours à Vernon ; mais la trompette sonne et me rappelle aux alarmes. Le cardinal de Luynes est mort, et je pars demain matin pour aller demander sa place à l'Académie. Tous mes amis m'y excitent : quand je dis tous, j'ai tort, car j'en ai bien quelques-uns qui, sans doute par intérêt, craignent que je n'aie pas mérité ce que je brigue, et sans critiquer mes anciens ouvrages, me poussent à en faire de nouveaux. Comme les extrêmes se touchent, leur extrême amitié ressemble à l'indifférence : mais cela m'est égal, je ne les en aime pas moins quand ils sont aimables; et je n'ai besoin de personne pour savoir que ce que j'ai fait, tout médiocre qu'il est, vaut mieux que les titres de mes rivaux, voire même de beaucoup de mes.... Suffit. Je commence à être un peu piqué de me voir toujours préférer des personnes que je ne connais que lorsqu'elles passent devant moi; et, cette fois-ci, je veux en découdre absolument. M. Vicq-d'Azir est mon plus redoutable rival; il a sur moi le grand avantage de n'avoir été lu de personne; mais je n'en oserai pas moins troubler son triomphe, et je me battrai de toutes mes forces; j'ai déjà mis en jeu mes princes, mes princesses, mes amis. J'ai cru long-temps que le travail seul devait conduire aux récompenses; je m'amende, et, pour cette seule fois, je vais employer d'autres moyens.

Vous voyez, mon cher confrère, quelle est ma confiance en vous; je la pousserai plus loin encore, car je viens vous demander de vouloir bien écrire le plus tôt qu'il vous sera possible à M. de La Harpe, votre ami, pour lui demander de m'honorer de son suffrage. Lorsque je lui envoyai Estelle, j'en reçus un billet très-obligeant qui finissait par ces mots soulignés : *Comptez sur moi*. Depuis, je l'ai trouvé plus froid, et il m'a fait entendre qu'il pourrait bien donner sa voix à M. Vicq-d'Azir. Je vous demande de vouloir bien lui en écrire, et lui représenter que son amitié pour M. de Voltaire, qui aima mon enfance, et à qui je suis allié, son amitié pour moi-même, qui n'ai rien fait pour la perdre, si ce n'est Numa, sembleraient devoir m'assurer un appui dans lui;

et que de le voir contre moi, ne fera pas beaucoup d'honneur ni à moi, ni peut-être à lui. Je laisse tout cela à votre prudence et à votre amitié. Au surplus, je fais cette démarche vis-à-vis de vous, sans prétendre faire la moindre bassesse vis-à-vis de M. de La Harpe; mais par le désir que j'ai de lui avoir une obligation qui me le fasse toujours aimer.

Ce moment-ci m'occupe beaucoup, mon cher confrère, et va beaucoup m'occuper. Je me console d'avance du succès, quel qu'il soit. Car, si je réussis, je serais fort aise; et si je ne réussis pas, je serai *à l'aise* avec beaucoup de personnes. J'aurai fait ma demande, on me l'accordera ensuite quand on voudra. J'attendrai sans colère, je vous en réponds. Parlons pourtant d'autre chose, celle-ci doit vous ennuyer.

Les vers charmans que vous avez bien voulu faire pour moi sont assurément peu mérités; mais ils sont si jolis, que j'ose les aimer devant tout le monde. J'aurais beau jeu pour vous en rendre; mais je ne suis pas en train de rimer, et mon cœur un peu plein peut à peine vous exprimer sa reconnaissance.

Vous savez la mort de ce pauvre M. d'Argental. Madame de Vimeux en a été dans une douleur profonde. Ecrivez-lui quand vous le pourrez : elle vous aime presque autant que je vous suis attaché.

J'oublie de vous dire que M. Garat se présente aussi, et divisera peut-être la faction Suard, qui est Vicq-d'Azir. M. de Beauvau, qui en entraîne beaucoup ordinairement, s'est déclaré tout haut pour Estelle. Sedaine prend la même cocarde publiquement, et quelques autres aussi sont pour moi. Il est vrai que ce sont ceux que je connais le moins, ce qui fait bien la satire de mon caractère; mais enfin la journée sera chaude. Elevez vos bras au ciel en ma faveur, et Amalec tombera sous les coups d'Israël.

Adieu, mon cher confrère, je vous embrasse et je vous aime de tout mon cœur, comme vous méritez d'être aimé de quiconque vous connaît un peu.

<hr />

Anet, 7 mars 1788.

Vous êtes le premier, mon cher confrère, à qui j'écris pour annoncer que l'Académie française m'a élu hier jeudi 6 mars, pour remplir la place vacante par la mort du cardinal de Luynes. M. Vicq-d'Azir, mon concurrent, m'a disputé la place de si près, que j'ai eu la pluralité d'une seule voix. Quinze contre quatorze m'ont fait gagner ma cause. Mais les soins, les peines, les courses qui m'ont entièrement occupé depuis six semaines, la nécessité de partir dans la nuit pour venir ici annoncer mon élection à M. le duc de Penthièvre, tout cela m'a réduit à un tel excès de fatigue, que je peux à peine tenir ma plume. Ceci est le combat d'Argant et de Tancrède; le vainqueur est peu différent du vaincu.

Cependant, mon cher confrère, je me reprocherais de laisser passer un jour de plus sans vous remercier de tout ce que je vous dois, des efforts que vous avez employés auprès de M. de La Harpe. Je ne doute pas plus à présent de son amitié que de la vôtre, et c'est mon plus fort serment; c'est vous dire aussi, j'espère, combien elle m'est chère, combien j'y attache de prix. J'en sens beaucoup plus que je ne puis vous en dire, mon cher confrère; je suis épuisé de fatigue, mais je suis bien reconnaissant et surtout bien tendrement attaché. Je vous embrasse de tout mon cœur comme je vous aime.

~~~~~~

Au château de Sceaux, 6 avril 1788.

Il y a long-temps, mon cher confrère, que je vous aurais remercié de vos aimables lettres et de l'intérêt que vous avez bien voulu prendre à mes petits succès; mais, en vérité, depuis un mois, les heures du jour ne m'ont jamais suffi pour remplir tout ce que j'avais à faire. Vous savez combien l'on est occupé à Paris : si vous y ajoutez les visites, les courses, les remerciemens qu'ont exigés de moi une place à l'Académie et la croix de Saint-Louis, obtenues en même temps, vous me pardonnerez peut-être un retard que je ne me pardonne pas. Enfin je commence à respirer, car mon discours est fait; et le premier délassement que je prends est de vous écrire, de vous remercier des services que vous m'avez rendus auprès de M. de La Harpe, de l'intérêt que vous m'avez marqué, et de la réparation que vous avez faite de vos sanglantes critiques sur la pauvre Adelaïde. Heureusement elle ne vous craint plus; la voilà sauvée de sa terrible maladie et de vos pattes; car, en vous faisant son médecin, vous avez, selon l'usage, pensé tuer cette pauvre fille. Dieu vous le pardonne! pour moi, je l'ai encore sur le cœur.

Il me serait difficile, mon cher confrère, de vous rendre un compte détaillé de ma grande bataille avec M. Vicq-d'Azir. Elle a duré long-temps, et chaque semaine la victoire changeait de parti. La veille du jour, j'étais battu; et, sans le maréchal de Duras, que j'allai voir le matin, et que je décidai, tout était perdu. M. de La Harpe m'a marqué une amitié à laquelle je suis bien sensible, et dont j'aime à vous devoir une partie; mais celui à qui je dois ma place, c'est M. de Marmontel, qui m'a servi avec beaucoup de succès et de zèle. Je ne l'oublierai jamais.

Je compte que ma réception se fera le 15 de mai, jour que M. le duc de Penthièvre a choisi. Il y sera avec son adorable fille, et les enfans d'Orléans. J'espère que ce sera un beau jour, et que sa présence donnera de l'éloquence à mon discours. Le lendemain, mon aimable prince priera à dîner toute l'Académie à Sceaux, où les eaux joueront, et où ils seront sûrement contens de la politesse du seigneur du lieu. Voilà nos projets; que ne puis-je y mêler l'espoir de vous embrasser cet été, de faire avec vous de ces agréables promenades qui ne le seront plus tant sans vous! Tâchez de le réaliser bientôt, cet espoir, mon cher confrère; et croyez qu'à Nîmes, et même à Annonay, vous n'avez pas de meilleurs amis que ceux qui vous regrettent ici, et surtout celui qui vous embrasse de tout son cœur.

Paris, 31 mai 1788.

Depuis long-temps, mon cher confrère, je forme tous les jours le projet de vous écrire et de vous envoyer mon discours; mais depuis le mois de janvier je n'ai pas respiré un instant. J'ai été écrasé de bonheurs; tout m'est arrivé à la fois, et les jours

m'ont à peine suffi pour les visites et les devoirs in-
dispensables que tant de félicité m'a imposés. J'ai
obtenu en trois semaines le brevet de lieutenant-
colonel, la croix de Saint-Louis, mon fauteuil acadé-
mique, et une abbaye à six lieues de Paris pour une
tante à moi, religieuse à Arles.

Je commence à respirer un peu, et mon premier
soin est de vous faire hommage d'un discours qu'on
a reçu avec beaucoup de bonté. La séance où je l'ai
prononcé était très-nombreuse et très-brillante.
M. le duc de Penthièvre et son adorable fille y ont
été accueillis avec transport. Tout ce qui les regar-
dait était saisi avec enthousiasme, et le plaisir que
donnait leur présence a rejailli sur mon faible discours. Ce jour enfin a été le plus beau de ma vie. Il
a été beau aussi pour notre ami commun, M. de La
Harpe, dont les beaux vers sur la poésie descriptive
ont été applaudis autant qu'ils le méritaient. Après
ces beaux vers, j'ai risqué quelques fables, et on les
a parfaitement reçues ; vous voyez que quelquefois
Pope a raison, *et tout va bien*.

Le lendemain, mon prince a donné à Sceaux une
fête superbe à l'Académie. Ils ont tous été en-
chantés de la grace, de la politesse noble et franche
du petit-fils de Louis-le-Grand. Les Muses, si long-
temps citoyennes de Sceaux, ont reconnu leur ancien asile; nos naïades sont toutes sorties de leurs

A M. DE BOISSY D'ANGLAS.

grottes pour voir les successeurs des Fontenelle, des Saint-Aulaire et des Malezieu : il ne manquait à la fête que M. Dussaulx, et nos nymphes en perdaient la tête.

L'Académie est fort contente, mon cher confrère ; elle a consigné dans ses registres les bontés de M. le duc de Penthièvre, et lui a fait une visite en corps pour lui exprimer sa reconnaissance. Tous ceux dont je n'ai pas eu la voix me comblent d'amitiés, et semblent m'offrir leur cœur. Combien de gens ne voudraient pas de ce marché.

Je joins à mon discours, mon cher confrère, un exemplaire du troisième volume de mes comédies qui vous manque, à ce que je crois. Acceptez tout cela comme un faible gage de la tendre amitié que je vous ai vouée pour ma vie, et avec laquelle je vous embrasse de tout mon cœur.

Voulez-vous bien me rappeler au souvenir de votre illustre ami, M. de Montgolfier.

∽∽∽∽∽∽∽∽∽∽∽∽∽∽∽

Paris, 10 octobre 1788.

J'ai reçu, mon très-cher confrère, les deux lettres que vous m'avez fait l'honneur de m'écrire, avec celle pour madame de V....., à qui je l'ai remise fidèlement, et les deux mémoires que vous y avez joints. Je n'ai pas répondu à la première, par la grande raison que je n'en ai pas trouvé le moment. J'ai été à Genève chercher une de mes tantes, religieuse, pour la conduire à l'abbaye que j'avais obtenue pour elle. Les affaires de cette abbaye m'ont infiniment occupé; ajoutez à cela mes petits travaux ordinaires, mes devoirs, mes courses journalières, et vous me pardonnerez, parce que vous êtes bon, de n'avoir pas répondu à une lettre qui a galopé un mois après moi, que je ne puis lire qu'avec plusieurs heures de travail, et qui me charge de commissions qu'il m'est très-difficile de remplir.

Tout ce que vous écrivez, mon cher confrère, est fort aimable; on reconnaît partout votre esprit; votre cœur se reconnaît de même dans l'intérêt que vous prenez aux personnes pour qui vous faites des mémoires. Mais il faut vous avouer le triste état où je me trouve en fait de crédit. Depuis dix ans j'ai donné à M. le duc de Penthièvre à peu près un millier de mémoires; j'ai fini par l'impatienter si bien, que ce prince m'a fait la défense absolue de lui en présenter de nouveaux. Malgré cette défense, comme le dernier regarde un de vos parens, j'aurais sûrement désobéi, si notre prince n'était malade depuis trois mois. Un catarrhe affreux a exigé des vésicatoires qui ont porté sur ses nerfs et lui ont causé des souffrances continuelles, et des vapeurs infiniment contraires à tout mémoire. Je serais sûr de lui déplaire et d'être refusé en allant lui parler d'affaires. Je vous exhorte donc, mon cher confrère, à vous donner la peine d'écrire vous-même à M. Perrier, secrétaire-général de la marine, et de bien exposer votre demande. Je lui en ai déjà parlé, je lui en parlerai encore, et je ne doute point que votre affaire ne réussisse; mais dans toutes ces maisons-ci, chacun aime qu'on s'adresse directement à lui pour tout ce qui le regarde; et comme je n'ai nul trait au département de la marine, le secrétaire, avec raison, me parle de l'Opéra lorsque je lui parle de ses affaires. Adressez-vous donc à M. Perrier, à l'hôtel de Toulouse, à Paris; et pour cela je vous renvoie votre papier, auquel je n'entends non plus qu'aux Lettres sur l'Italie de M. Dupaty.

J'ai grand regret, mon cher confrère, à vous écrire trois grandes pages de petite écriture pour ne pas vous dire un mot de ce dont j'aime à causer avec vous. Mais à qui la faute? Il ne me reste de papier que pour vous prier de me rappeler au souvenir de l'aimable M. de Saint-Étienne (1) que nous regrettons tous les jours avec madame de V.....; pour vous engager à revenir bien vite dans ce pays,

---

(1) L'infortuné Rabaut-Saint-Étienne.

où l'on vous aime tendrement, et pour vous prier enfin de me conserver un peu d'amitié, malgré la nullité de mon crédit, en faveur de celle que je vous ai vouée, et avec laquelle je vous embrasse de tout mon cœur.

~~~~~~

M. de Florian a l'honneur de présenter son respect, ses hommages, sa foi, sa soumission, à M. le législateur. Il prend la liberté de lui demander si dimanche 20 de ce mois, seul jour de la semaine où M. le représentant de la nation ne travaille pas au bonheur public, il voudrait faire l'honneur à M. de Florian de venir dîner chez lui avec M. et madame de Saint-Étienne, qui lui ont promis pour ce jour-là. M. de Florian s'est présenté à la porte de M. de Boissy pour lui faire cette prière. Il n'a pas eu le bonheur de le trouver; il espère de son ancienne amitié, qu'il voudra bien lui accorder sa demande.

Ce 10 décembre 1789.

A M. DE BOISSY D'ANGLAS.

Je vous remercie de tout mon cœur, mon très-illustre et très-puissant compatriote, du bel ouvrage que vous avez eu la bonté de m'envoyer. J'ai déjà commencé à le lire, et comme je l'entends, j'en suis fort content. Ce n'est pourtant pas que j'y trouve cette éloquence mâle, géante, massive, que vous admirez avec tant de raison dans le grand orateur auquel vous daignez me comparer. Mais je n'espérais pas l'y trouver, et je sais qu'il n'y a qu'un soleil, comme il n'y avait qu'une Bastille. Je pense la plus grande partie de ce que j'ai déjà lu ; j'espère les autres, je souhaite le tout. Mais il ne suffit pas de bien dire lorsque l'on est législateur, il faut nous donner la paix, il faut nous établir l'ordre, il faut que nous puissions conduire gaiement nos troupeaux sur les bords fleuris de la Sorgue ou du ruisseau d'Annonay, et que rien ne trouble le doux plaisir que nous avions autrefois à écouter vos vers charmans. J'aime toujours les vers, moi, et je tremble que quelqu'un de vos confrères, ennemi des académies comme M. Boutidoux, ne fasse une motion contre les vers, attendu que ceux de Racine ne sont pas libres. Je compte sur le brave Gauvain pour repousser M. Boutidoux.

Adieu, mon cher compatriote ; j'irai moi-même

vous remercier du plaisir que je vous ai dû, dès que je serai sûr de vous trouver un jour. En attendant, je vous répète que je vous aime de tout mon cœur, et vous embrasse de même.

~~~~~~

Recevez, mon très-aimable confrère, les remerciemens que je vous dois pour l'excellent ouvrage que vous avez bien voulu m'envoyer. Je l'ai trouvé aussi bien pensé que bien écrit, aussi raisonnable qu'élégant, et je fais des vœux bien sincères pour que tous nos compatriotes, en vous lisant, éprouvent ce que j'ai éprouvé. Je l'espère, et alors votre petit ouvrage leur vaudrait autant de bonheur qu'il vous aurait procuré de gloire. Ce sont deux belles et bonnes choses que le bonheur et la gloire. Continuez à les donner, dans votre assemblée, à notre pétulante nation.

Adieu, mon cher compatriote, je vous préviens que vous êtes engagé à dîner à Sceaux, avec M. et madame Saint-Étienne, le dimanche d'après la Saint-Jean, 27 de juin. Je m'y prends d'avance, pour que vous ne soyez pas retenu ce jour-là chez quelque belle dame, et je vous embrasse de tout mon cœur comme je vous aime.

Ce samedi.

MON CHER ET ILLUSTRE COMPATRIOTE,

J'ai un besoin pressant de votre justice et de votre amitié. Depuis deux ans je commande la garde nationale de Sceaux, et j'ose dire que je l'ai fait de manière à m'attirer l'estime et la reconnaissance de tous nos soldats citoyens. Malheureusement je me trouvais à Paris le jour de la fuite du roi ; les portes furent fermées, je ne pus me rendre ici. Le bon ordre qui a régné à Paris, le désir de savoir des nouvelles, et les peines qu'il fallait prendre pour avoir un passe-port, me firent retarder trois jours ; je ne vins ici que vendredi, jour de la Saint-Jean. Cette absence, ma qualité de militaire et d'attaché à un ci-devant prince, les soupçons qu'inspire naturellement l'état où nous sommes, les circonstances du moment, tout enfin, réuni contre moi dans ces tristes circonstances, a fait naître de la fermentation et de la défiance dans une petite partie de ma troupe. Vous devez juger qu'avec ma sensibilité, cette position fait le malheur de ma vie, puisque je vois mon bonheur et mon repos au moins compromis. Dans les temps où nous sommes, personne ne peut savoir où cela peut s'arrêter.

Vous connaissez dès long-temps mes principes ;

peut-être y a-t-il quelque mérite à les avoir dit tout haut dès avant la révolution; et depuis la révolution, ils n'ont jamais varié. Je vous réponds de la pureté de mon cœur, je vous en jure par mon honneur et par le vôtre. D'après cela, je demande à vous, mon cher compatriote, à vous qui me connaissez et m'estimez, j'ose le croire, depuis long-temps; à vous, représentant du département où je suis né : je vous demande de vouloir bien écrire et signer ce que vous savez, ce que vous pensez, ce que vous jugez de moi. Je ne veux pas partir d'ici, je ne veux prendre aucune résolution que ma justification ne soit établie. Je me charge de l'établir; mais comme votre nom justement célèbre doit être d'un poids immense, opposé à ceux des calomniateurs ou des soupçonneurs imbéciles, je vous demande ce nom, que j'ai toujours aimé sans croire qu'il pût m'être utile dans pareille circonstance. Si vous jugez à propos de faire signer par d'autres ce que je demande, M. du Séjour, M. Bailly, M. de Saint-Étienne, ne refuseraient pas. Mais là-dessus, je m'en rapporte à ce que votre prudence, votre amitié, verront de mieux à faire.

Pardon, mille fois pardon de vous importuner dans de pareils instans. Mais je pense que votre cœur est de ceux qui croient que dans tous les temps, un honnête homme, un compatriote, un ami, mérite l'attention d'un honnête homme et d'un ami. Je n'en dirai pas plus. J'ai l'ame brisée, en vérité; après tout ce que j'ai fait! après tous les intérêts sacrifiés! je m'attendais peu à ce prix. Faut-il donc, dans la nature entière, ne compter que sur vous seul? Je vous embrasse, et j'attends de vous les biens les plus chers, ma justification et mon repos. Si votre écrit ne suffisait pas, j'aurais encore recours à vous, que je révère autant que j'aime.

Sceaux, ce 26 juin 1791.

Il y aurait bien de l'amour-propre à moi, mon cher et illustre confrère, d'imaginer qu'au milieu des importantes occupations qui remplissent vos jours fortunés, mes pauvres héros maures et castillans (1) eussent trouvé le moment de venir vous faire leur cour. Ce n'est pas à un législateur, à un administrateur, à un procureur général syndic qu'il faut aller chanter des romances ou raconter des contes bleus. Vous avez vraiment d'autres choses à faire dans le département de l'Ardêche, quand ce ne serait que de jouir de la douce paix, de l'heureux repos que vos grands travaux nous ont procurés.

(1) Gonzalve de Cordoue.

J'ai cru qu'il fallait laisser passer les bénédictions, les actions de graces, les cantiques de reconnaissance qui retentissent en votre honneur dans la France et dans toute l'Europe. Quand les échos de vos montagnes les auront assez répétés, alors je pourrai hasarder de venir jouer de la flûte à la porte de votre maison, comme les bergers de Sicile allaient jouer du chalumeau sur le passage jonché de fleurs des Platon et des Timoléon.

Cependant, d'après votre bonté extrême, d'après la douce indulgence que vous avez puisée au comité des recherches, d'après surtout votre demande, je prends la liberté de faire remettre chez M. d'Azémar, qui m'a promis de s'en charger, un exemplaire du grand Gonzalve de Cordoue. Notre ami commun, M. de La Harpe, a traité ce capitaine avec autant de sévérité que Gonzalve traitait nos capitaines français dans la guerre qu'il leur fit à Naples. La différence qu'il y a, c'est que Gonzalve nous ôta pour toujours ce beau royaume, et que M. de La Harpe ne m'a presque point ôté de lecteurs. Ma seconde édition va paraître, et mon ouvrage s'est fort bien vendu, malgré les circonstances peu favorables aux lettres, qui font rechercher avec plus de soin le Journal du Soir et le Logographe, que des récits de guerre et d'amour. Ce qui me fait pardonner à ces circonstances, c'est qu'elles me procurent le plaisir de lire vos beaux discours, vos beaux mémoires d'administration, que je trouve fort éloquens, et que j'ai le projet de mettre en vers un de ces jours, et y joignant de petits morceaux anacréontiques que je viens de faire, sur la force publique et la perception des impôts.

Je ne doute point, mon cher confrère (et cela sans aucune espèce de poésie ou de plaisanterie), que vous ne soyez infiniment utile au pays que vous habitez. Si tout le monde avait votre amour pour le bien et vos moyens de le faire, nous n'en serions pas où nous sommes; mais on a perdu de vue la belle fable que faisait Fontenelle avec ses doigts, lorsqu'il parlait des vérités. De là, je crois, vient tout le mal. C'est à vous de le réparer, ou du moins de l'empêcher de croître; j'applaudirai à vos succès comme citoyen, comme confrère et comme ami.

Je passe doucement ma vie au coin de mon feu, lisant Voltaire, regrettant Gauvain (1), faisant des fables, et fuyant des sociétés qui sont devenues des arènes affreuses, où tout le monde hait la raison, où les vertus ne sont même plus louées, où l'humanité, la première des vertus, et la modération, la première des qualités, sont méprisées par tous les

(1) Poëme de chevalerie auquel travaillait M. Boissy d'Anglas avant la révolution, et qu'il n'a jamais fini. Il en avait lu plusieurs chants à M. de Florian.

partis. Je me trouve fort bien de ma solitude, et si je recevais souvent de vos nouvelles, je l'aimerais encore plus.

Adieu, mon cher confrère, lisez Gonzalve dans vos momens perdus; vous en serez peut-être content. Vous le serez sûrement de l'histoire des Maures, peuple qui nous était absolument inconnu, et qui méritait au moins d'être autant célébré que certaines gens que je vois célèbres. La Harpe fait grand cas de cette histoire, et m'a dit avec repentir qu'il se portait fort mal quand il a lu mon livre. Portez-vous bien, aimez-moi toujours, et ne m'appelez point aristocrate, comme certains de mes amis m'appellent démagogue.

Homo sum ; nihil humani à me alienum puto.

Je suis de plus votre confrère et ami.

Paris, ce 17 février 1792.

Sceaux-l'Unité, 15 prairial an 11.

Je vous remercie d'avance, mon cher et aimable confrère, du plaisir que vous me ferez en me venant voir dans ma solitude. Ce sera un beau jour pour moi. Je vous connais trop pour n'être pas sûr que cette idée vous fera venir plus tôt.

Indépendamment du plaisir, bien vrai que j'aurai à vous embrasser, je suis impatient de vous lire une hymne, pour laquelle j'ai besoin de vos conseils, de vos corrections, de vos vers même, s'ils coulaient encore de votre plume, comme jadis, aussi purs, aussi limpides que le *ruisseau d'Annonay* (1). De plus grands objets vous occupent; mais songez que mon hymne est à l'Amitié. Vous voyez bien qu'il faut la lire avant même qu'elle soit finie, et vous la dédier quand elle sera faite.

Je vous ferai part aussi du petit mémoire que je veux y joindre. Tout cela sera prêt demain. Venez donc quand il vous plaira. Je vous embrasse, en attendant, aussi tendrement que vous méritez d'être aimé.

22 prairial an 11.

Vous avez raison, mon aimable confrère, je m'en rapporte entièrement à votre sage amitié; je ne demande que d'être utile, j'aimerai à vous devoir ce bonheur.

J'ai mis au net le plan de mon nouveau Cours d'histoire pour l'éducation nationale; je vous l'en-

---

(1) Poëme de M. Boissy d'Anglas, qui n'a pas été publié.

voie. Il est bon que vous l'ayez, soit pour le lire, si on vous le demande, soit pour y jeter les yeux de la réflexion, et l'améliorer par vos conseils.

Une réflexion que j'ai oublié de vous faire, pour ceux qui vous demandent où j'en suis, c'est que venant de finir, après deux ans de travail, ma traduction de Don Quichotte, dont je renvoie une feuille à Paris aujourd'hui; ayant donné mes fables en 1792, Gonzalve et des Nouvelles en 1791, il est assez simple que je ne sois pas très avancé. D'ailleurs j'ai fait mon poëme hébreu. En conscience on ne peut guère m'accuser de paresse. Mais j'insiste sur Don Quichotte, pour que l'on ne soit pas surpris de le voir paraître dans six mois, quoique l'on m'eût donné autre chose à faire. C'est une remarque importante.

Je persiste toujours, mon chère confrère en poésie, en philosophie, en amitié, à ne point quitter le séjour de la campagne. On ne travaille bien que là; partout ailleurs on dépense : les résultats sont différens.

Si on m'accorde ce que je demande, je me mets sur-le-champ au travail; si on ne me l'accorde pas, je me borne à rester au point où j'en suis. Voilà tout ce que je sollicite de votre infatigable et si douce amitié.

Salut et tendre fraternité.

Sceaux-l'Unité, 16 messidor an 11.

Diable! diable! mon cher confrère, voici un très-beau et très-utile ouvrage. Je l'ai lu de suite, sans m'arrêter, sans me douter qu'il avait plus de cent grandes pages. Je l'ai relu avec une attention plus sévère, j'ai retrouvé le même plaisir. C'est partout la réunion si douce de la vertu, de la raison, de l'amour de la patrie, de l'éloquence du cœur, de la tendre sensibilité. Cette dernière surtout me semble caractériser votre livre. Toutes les fois que vous parlez du mariage, des funérailles, des souvenirs, des consolations qui restent à la pauvre humanité, on voit que vous êtes sur votre terrain, on sent que tout ce que vous dites coule d'une source abondante. Vous êtes un digne homme; je le savais bien; et vous êtes, de plus, éloquent avec du goût, chose moins méritoire, mais aussi rare.

Recevez mes remerciemens doux et sincères pour le plaisir que vous m'avez fait. J'en aimerais bien mieux ma fille aînée Galatée, si c'était elle qui vous eût inspiré quelques idées de votre ouvrage. Je vous la léguerais en mourant, comme ce Grec, Eudamidas, je crois, légua sa fille à établir à son ami plus riche que lui. Je vous remercie de nouveau, et vous prie tendrement de venir me voir le plus tôt qu'il vous sera possible ; car, depuis que je vous ai lu, j'ai plus d'envie de vous embrasser.

Nous causerons ensemble, mon cher confrère, beaucoup de vos ouvrages, et un peu de l'intérêt que vous prenez aux miens. Je ne puis ressembler à Ovide que par les regrets que son cœur donnait aux amis qu'il ne voyait plus. Votre présence les adoucira. Je vous embrasse de toute mon ame.

*** * *

27 messidor an 11.

Mon cher confrère en Apollon, vous êtes instruit peut-être que je vais dans une maison d'arrêt, par l'ordre du comité de salut public. J'ai beau fouiller et scruter jusqu'au fond de mon cœur, je ne crains pas de vous dire, car le malheur ne peut être soupçonné d'orgueil, que ce cœur est pur comme le vôtre. Peut-être ai-je mal pris mon moment pour faire la demande de réquisition que votre zèle a sollicitée. Cette idée est superflue, avec une ame amicale comme la vôtre, pour vous engager à faire ce qui sera en votre pouvoir pour abréger ma captivité. Je vous le dis du profond de mon ame : si j'ai péché, c'est par ignorance. S'il est possible de faire abréger un châtiment plus grand pour les malheureux poètes que pour les autres, le comité exercera un acte de justice et de bienfaisance. Ces deux mots sont les plus beaux de toutes les langues; et quand je songe à vous, je trouve que le plus doux est celui d'amitié.

~~~~~~~~~~~~~~~~~~~~~~~~~~~~~~~~~~

Sceaux-l'Unité, 23 thermidor, an 11 de l'ère républ.

Recevez, mon cher bienfaiteur, les tendres actions de graces que je vous dois, pour l'intérêt que vous avez pris à mon sort, pour les démarches que vous avez faites, pour la liberté, qui m'est bien plus douce en la rapportant à vos soins. Elle est le premier des biens; mais le premier des plaisirs est la reconnaissance, et c'est vous qui me prouvez cette sentimale vérité.

En sortant de prison j'ai couru chez vous. La loi me défendait de vous attendre, il fallait la loi pour m'empêcher de jouir de ce bonheur. Accordez-le moi, mon ami, en venant promptement me voir. Venez dîner dans ma retraite, venez me voir reprendre mon luth, couvert déjà de poussière, et sur lequel je vais chanter d'une voix plus forte la liberté et l'amitié.

Adieu, mon bienfaiteur; venez aussitôt que le

noble métier que vous avez pris d'être utile vous laissera un moment. Donnez-le-moi, ce moment. Je ne sentirai tout-à-fait ma liberté qu'en vous embrassant.

Sceaux-l'Unité, 15 fructidor.

Vous portez, mon cher et aimable législateur, la peine du plaisir que vous trouvez à obliger, et celle du plaisir que je trouve à me vanter de vous connaître. Le maire de cette commune, bon et digne citoyen, m'a demandé avec instance de vous importuner en faveur du cit. Osselet, qui vous remettra ce billet. Ce n'est pas une démarche, c'est un conseil que nous vous demandons pour le cit. Osselet. Il revient de combattre les ennemis de la République; il est sur le point d'y retourner; mais sa santé, dans un état déplorable, lui fait craindre qu'elle ne serve pas son zèle. De plus, le cit. est époux, père, fils, et fort malade. Il a les certificats et les preuves de sa mauvaise santé. Nous vous prions, mon cher confrère en Apollon, de vouloir bien lui dire à qui s'adresser, ce qu'il faut qu'il fasse, et les moyens de réussir. Votre cœur, heureux quand il fait du bien, ne vous rendra pas cette bonté pénible, et je vous en remercie d'avance.

Adieu, mon bon et cher confrère; Guillaume-Tell avance fort, et avancerait mieux sans quelques accès de fièvre, suite de mon été, ou précurseurs de mon automne. J'ai cette fièvre en vous écrivant, et je n'en sens pas moins tout le plaisir de vous dire que je vous aime.

Nota. Cette lettre est la dernière qu'écrivit M. de Florian; il était atteint de la maladie qui l'enleva aux lettres et à l'amitié, et il mourut peu de jours après.

COUPLETS

A M. DE FLORIAN.

Air de sa jolie romance d'Estelle : *Ah! s'il est dans notre village,* etc.

Ah! si voyez sur ce rivage
Sensible et gentil troubadour,
A qui les Muses et l'Amour
Prêtent leur plus touchant langage,
C'est Florian, n'en doutez pas.
Graces, vers lui guidez mes pas.

Si les accens de sa musette
Au berger servent de leçons,
Si le cœur retient ses chansons,
Et si la bouche les répète,
C'est encor lui, n'en doutez pas.
Graces, vers lui guidez mes pas.

Si les doux pensers qu'il inspire
Intéressent le tendre amant,
Si la bergère en l'écoutant
Tout à coup s'arrête et soupire,
C'est encor lui, n'en doutez pas.
Graces, vers lui guidez mes pas.

REYNIER.

FIN.

TABLE DES MATIÈRES

CONTENUS DANS CE VOLUME.

                                                                         Pages.

Discours prononcé par Florian à sa réception à l'Académie Française, le 14 mai 1788.   1
Éloge de Louis XII, roi de France.   13
Voltaire et le Serf du mont Jura.   49

CONTES EN VERS.

Le cheval d'Espagne.   61
Le tourtereau.   73
La poule de Caux.   83
Le chien de chasse.   95

IMITATIONS ET TRADUCTIONS.

A un amandier, traduit de l'espagnol.   104
Épisode d'Inez de Castro, traduit de la Lusiade du Camoëns.   107
Complainte de la reine Marie.   121
A l'Imagination, imité de l'anglais.   122
A un lis, traduit de l'anglais.   123
Chimène et le Cid, romance.   125
Musette, imité de Monte-Mayor.   128
Traduction de l'ode xxxiii d'Anacréon.   129

PIÈCES FUGITIVES.

A l'Être suprême et à la Nature.   130
Vers sur Anet.   131

TABLE DES MATIÈRES.

	Pages.
Au prince Henri de Prusse.	133.
Vers gravés sur un rocher, pour madame la duchesse de Wirtemberg.	134
Autres sur le même sujet.	Ibid.
Explication d'une médaille grecque.	135
Réponse à des vers de M. Didot, fils aîné, sur Galatée.	136
Réponse de Galatée à des vers de M. de Fontanes.	137
Au même.	138
A madame de *** en lui envoyant un exemplaire de Numa.	139
A madame Gouthier, après lui avoir vu jouer la *Mère confidente*.	Ibid.
Réponse à une lettre anonyme d'une demoiselle de dix-huit ans.	140
Pour le portrait de Carlin.	141
Épitaphe de ma bonne chienne.	Ibid.
Le pont de la Veuve, romance.	142
Le novice de la Trappe, romance.	145
Couplets à madame la duchesse d'Orléans et au prince Henri de Prusse.	148
A madame L. M. D. M.	149
Hymne à l'Amitié.	150
Lettre à M. L. C. D. S. E.	152
Romance.	154
A M. le comte d'Argental.	155
Mes adieux.	156
A M***.	157
Fragment d'une romance.	Ibid.
La Fauvette.	158
Impromptu à M. l'abbé Delille.	161
A madame L. D. D. W.	162
Réponse à des vers de mesdames de M. et de G., habitantes du Forez.	Ibid.
A M. de La Harpe.	164

TABLE DES MATIÈRES.

	Pages.
A madame ***.	164.
A madame de Fontenay.	165
A un serin.	Ibid.
Vers faits pour madame Ga.....	166
A monsieur ***.	167
Pour un chien.	Ibid.
A madame de la W....	168
A madame de....	169
Madrigal de Calderon.	Ibid.
Traduction du madrigal précédent.	170
A madame d'O....	171
Rêve. — A madame de....	172
Portrait.	173
Aux mânes de Camille.	Ibid.
Vers à madame Gontier.	175
A madame **. Raccommodement.	Ibid.
A la même.	176
A monsieur **, en réponse à des vers.	Ibid.
A madame ***.	177
Épitaphe de madame de Marsenne.	179

LETTRES ET RÉPONSES.

Billet de M. de Buffon.	180
Lettre à M. Gessner, en lui envoyant des pièces de théâtre.	181
Lettre de M. Gessner.	183
Lettre de M. Thomas.	185
Lettre d'un jeune homme.	187
Réponse de M. de Florian à la précédente.	189
Lettres de Florian à M. de Boissy d'Anglas.	191

COUPLETS.

Couplets à M. de Florian.	224

FIN DE LA TABLE.

www.ingramcontent.com/pod-product-compliance
Lightning Source LLC
Chambersburg PA
CBHW071947160426
43198CB00011B/1580